轉動内心的聚光燈，照亮人生更多可能

臨床心理師的科學轉念法，跳脫思考盲點、提升心理彈性

蘇益賢——著

作者序

轉念能帶給我們什麼？

諮商與心理治療看似感性，但背後其實仍有一些理性原則可循。雖然不同治療師進行諮商的過程中，從治療氛圍到用字遣詞有著各種差異，但相同的地方是，每位治療師進行諮商的過程背後，他們內心都有一套自己的「治療哲學」。

什麼是治療哲學呢？講白一點，治療哲學是一套關於人為什麼（why）要改變？人要如何（how）改變？人會願意為了誰（who）改變？在怎樣的元素具備之後（何物〔what〕、何時〔when〕、何地〔where〕），人會更容易改變？思考這些大哉問並逐漸釐清的過程，就能慢慢看見治療師諮商背後的治療架構與理念。治療哲學也決定了個案和治療師在一起前進的路上，到底要走向何方？治療的終點到底為何？這類重要的問題。

轉念是為了讓你在心理上變得更有彈性

我的治療哲學是什麼呢？在開始實務工作之後，我也不斷問自己這個問題。藉由個別會談、工作坊或演講時與大眾互動的過程，我慢慢有了想法：我的治療哲學是，期待透過各種心理學概念、工具與方法，讓每一個人能在心理層面變得更有彈性。就像經過訓練的肌肉極富彈性、能屈能伸一樣，我期待我能陪伴每個人變得愈來愈有心理彈性。在遇到不同情境——不管是開心、有壓力，還是讓人苦惱的狀況——時，都能具有適應力、能依據當下的狀況，開展最佳的思考，進而做出最符合自己目標與價值觀的決定。

在拙作《練習不壓抑》、《練習不快樂》這兩本書中，我試著回應「情緒」的處理；在《從此不再壓力山大》和《認真的你，有好好休息嗎？》書寫的過程，我聚焦在「壓力」的因應與有效休息的復原之道。但看似完整的拼圖，似乎還少了一塊。這本書正是為了補足缺少的一塊，也就是我想要幫助讀者重新認識自己的「思考」，以及釐清思考是如何影響自己的生活，而最終希望的是，讓讀者**理清思考**、**接納情緒**、**有效休息**、**應對壓力**，幫助更多人活得更好，除了身體的健康，也兼顧心理的健康。

轉念讓你跳出自己的思考慣性

對一個心理有彈性的人來說，他的思考形式會協助他看見、找到更多「選擇」的空間。他不會被侷限在自己的刻板印象裡、他能看見自己思考的盲點、能跳脫自己思考的預設立場、能公正客觀地「思考自己的思考」……而科學轉念法正是我目前發現，可以用來有效幫助一個人看見、找到更多選擇，以及重新微調思考的簡單工具。

轉念讓你「意識到」自己其實有所選擇

有所選擇，是人類幸福的基本條件，更是人們共通的心理需求。有多少時候，我們的情緒煩惱是因為我們「以為」自己沒有選擇呢？那種被迫、不得不、沒得選的百般無奈，或許就是憂鬱、焦慮等情緒的根源之一。而轉念這項工具則想提醒我們，有時事情並不是沒有選擇的空間與餘地，而是我們出於心理慣性、出於急迫感而沒有機會停下來，慢慢「看見」那些我們鮮少發現與留意的可能性。

轉念讓你可以鼓起勇氣面對那些你逃避的事

個案說，發現自己其實有所選擇，是一種頓悟、一種「啊哈時刻」（aha moment）。但這種發現，雖然讓人期待，卻也讓人害怕受傷害。怎麼說呢？一方面因為轉念，我們的眼光變得更為寬廣，像有個案說，那是一種「自由的感覺」——知道自己還有其他觀點可以用來過生活；但另一方面也有個案發現，看見更完整的資訊之後，新的挑戰才剛剛開始，那些以前未必認真思考過的議題，好像真的得開始「面對」了。以前選擇視而不見的什麼，在轉念之後突然變得清晰可見，好像不能像過去一樣用鴕鳥心態來面對了。但好消息是，那些之前沒看清楚、自己感覺有點怕怕的什麼，在轉念之後變得清晰一點，像是透明的恐怖箱一樣，也稍微讓人感覺沒那麼可怕而不敢面對了。

打造專屬於你的轉念之道，過自己想要的人生

因應每個人不同的生活環境與生命際遇，我相信「轉念」這個方法或工具對於各位讀者，應該會帶來不同的感覺與啟發。身為作者，我的期待是，你能給書裡提到的不同觀念、練習或技巧，兩、三次機會。在不同場合、不同時機下，試著用用

看書裡提到的各種方法。在實際應用之後，去感覺這些工具對於自己是否實用、是否有感？一陣子之後，再留下你喜歡的，並且記得常常練習。你也可以暫時放下那些你目前沒感覺的練習，但也給那些方法一點空間和可能性，因為也許未來某一天，那些目前沒感覺的方法會變成很受用的工具也說不定。

期待未來的某天，你能與我分享學會科學轉念法之後，這個工具帶給你人生怎樣的幫助或啟發？我會期待地站在轉念的聚光燈舞台上，因你的邀請而不斷往左看、往右看，並且驚喜地發現：原來我們還能這樣理解轉念！

期待本書能陪伴你，一起藉由轉念打開我們的觀點與視野，看見更多的選擇與可能性，並勇敢朝自己真心想望的那個方向前進著。

目錄

PART 2

跳脫思考框架，為轉念做準備

PART 3

轉念，就是轉動聚光燈焦點

PART 4 念還可以這樣轉

PART 5

轉念時要留意的事

前言

午夜吼叫殺人事件

「喂——」一聲吼叫，劃破了夜晚的寧靜。

時間是晚上十一點三十分，我點了點手機螢幕，看著上頭時間（題外話，這是錯誤示範，關燈時看手機，會讓你更難睡），心想：「又來了……又是這個吼叫聲。怎麼又出現了，為什麼要這樣亂叫！」

這個大叔，這個在深夜還在鬼吼鬼叫的大叔，到底有沒有同理心？不對，他應該連公德心都沒有！

他為何這樣鬼叫呢？在生氣的當下，我不知道，也不想知道。氣死我了！

去年搬到了這個新的租屋處，不管是房東、室友、交通、便利性還是價錢，真的是萬中選一，沒什麼好挑剔的。唯獨半夜時常出現這不明所以的「喂」，始終讓我耿耿於懷。

在我心浮氣躁、努力安撫自己的大腦，希望它快點入睡時，窗外又再次傳來他的叫聲：「喂——」聲音長而響亮，讓我分神想起以前國中的升旗典禮，那位站在司令台上負責整隊、制霸幾百個吵鬧國中生的老師。

好想睡覺啊，可是睡不著……在我意識到這個吼叫聲不知何時會再開始、何時會結束的同時，身體也跟著「心」一起浮躁了起來。身為心理師，深知大腦運作方式的我，不自覺在大腦裡的白板上畫起了流程圖：

身體浮躁的感覺→推動著我的思緒→大腦思緒不減反增

事情還沒結束，箭頭還可以反過來畫：

大腦開始越想越多→身體變得更煩躁→更難睡著了

我的大腦陷入另一個劇場，一個「擔心自己睡不著，人生開始毀滅」的劇場。「萬一今晚失眠，那明天工作沒精神怎辦？」「也有可能，因為我太晚才睡，結果明天起不來，答應別人的演講遲到！」「萬一遲到，在業界應該就黑掉了吧！怎辦，之後業務也會受影響吧！」「那這樣我也算有損失吧！這種損失可以跟那個大叔索賠嗎？」「咦，這種問題要問誰呢？問律師嗎？」「唉，我好像沒有比較熟的律師朋友。問律師應該蠻貴的，這樣划算嗎……」就這樣繞啊繞，我發現自己早就繞到冥王星那邊去了。

我再次把思緒帶回「好想快點睡著」的主題，但大腦始終不從人願，它虎視眈眈，一直專注在外頭的聲音，等著那聲吼叫再次出現。我努力要自己別去在意那聲音，但心反而變得更專注。唉，真累。

就這樣掙扎了很久，也忘了是什麼時候開始不去在意那位大叔的，終於，恍恍惚惚間，我慢慢入睡了。

所幸，隔天我還是被手機叫醒了，帶著因為沒睡好而變得像熊貓的雙眼出門。不過儘管沒睡好，但熊貓眼卻格外銳利。從租屋處走去捷運站的路上，我像偵察機一樣，一直在尋覓那位大叔的身影。

「你到底是誰？我一定要把你找出來。」我心想。

就在那個路口，我聽到了熟悉的聲音。我稍微看了一下這個聲音的主人。哼，沒錯，果然長得就像是會半夜吵人家睡覺的臉。啊哈，就是你，終於被我找到了吧！

「你就是那位半夜鬼吼鬼叫的人，是吧？」我大聲質問他，為何晚上總要這樣亂叫，讓別人不得安寧？一邊質問，一邊把失眠、沒睡好的憤怒全丟了出來，要他好看。

他愣住了，急忙說著抱歉，並向我保證以後絕對不會再亂叫了。於是，我心滿意足地走向捷運，開始了美好的一天。

唉，事情如果有這麼順利就好了。不喜歡面對衝突的我，就算真的在路上遇到他，大概也會假裝沒事吧。當然，我還得先知道，路上看到的大叔到底是不是真的就是晚上亂吼叫的那一位。光是這關我就卡住了。醒醒吧。從幻想回到現實，急忙趕去工作的我，在忙碌中又慢慢忘了這件事。

那天完成工作後，從捷運走回租屋處的路上，走到那條巷子時，我又自動進入了警戒狀態。**你到底是誰、你到底在哪？**

我一邊聽著路人說話的口音，一邊試著在心中比對，那個吵鬧的聲音跟這個人一不一樣。雖然步伐已經刻意放慢，但始終還是沒把握。

在剛搬到這個地方時，這個半夜的吼叫聲困擾了我許久。每每到了要睡覺時，我都變得戰戰兢兢，深怕自己在準備投入周公懷抱之時，被大叔的吼叫硬生生拉回人世。

故事先停在這邊。我想先請讀者陪我想一想，我可以如何解決這個煩惱呢？這個困擾了我許久的故事（雖然困擾程度可能微不足道），可以如何應對與處理呢？

我動筆寫下這本書的起心動念，正是從這個故事開始的。而且在找到幫這件事轉念的**支點**之後，我就不那麼為這叫聲所困擾了。世界其實沒有不同，這位大叔還是一樣地吼叫，但讓我變得比較釋懷、放下警戒心的關鍵，那唯一改變的人，其實就是「我自己」。更精確地說，是我**看待那個聲音的方式**。

就像心理師在諮商室裡所做的事一樣，許多時候，我們無法直接協助個案改變他所處的環境與現實（如果真的可以的話，其實個案早就這麼做了）。心理師多數時候的任務，比較像是提醒個案：**事情還可以有不同的觀點與看法。當你知道自己還可以從不同角度看待同一件事情時，你的感受很有可能也會開始不同**。

不過，這種觀點早就不是新鮮事了。好比英國詩人莎士比亞早就說過：「事情本無好壞之分，只緣於觀點不同。」（There is nothing either good or bad, but thinking makes it so.）又或者，電影《神鬼奇航》裡頭的傑克史派羅船長也曾說過：「問題本身往往不是問題。真正的問題往往源於你面對這個問題的態度。」（The problem is not the problem. The problem is your attitude about the problem.）

在日常生活中，我們常被他人提醒：「要看開一點、要懂得轉念」。在我們心情不算太差時，也許還可以笑笑地說：「好啦，謝謝你的提醒。」但在我們心情真的差到不行時，如果聽到親友這樣安慰的話，除了內心白眼翻轉數圈之外，真的會想叫對方閉嘴。

在帶領「同理心課程」時，我與學員聊到了這樣的「幫倒忙」現象。在安慰別人（或自己）時，「轉念」變得不太有用的癥結點在於：

我當然也知道要看開一點、要懂得轉念呀！但如果我真的可以隨心所欲這麼做的話，我一定早就這麼做了，不需要你提醒。我現在之所以心情還是很差，就是因為我還沒轉過去呀。

我發現，一個人要看開一點、要轉念，還真的需要一些緣分。也許是誤打誤撞，在書上、在新聞裡看到了一些我們之前沒想過的元素，又或者是來到諮商室，和心理師交換了意見才有「新的看見」。

在學習了同理心概念後，我曾經也是「反對轉念派」，力勸大家像是看開、轉念這種安慰方法是毫無幫助的。至少我自己過往的經驗告訴我，這不是一個人用意志力、努力就能做到的事。

但在經歷了「午夜吼叫事件」之後，我突然發現，我確實是使用了「轉念」的方法來應對這次的問題。但到底，我用的「轉念」和大家日常所說的「轉念」是同一件事嗎？好像有地方很像，但似乎有些核心的差異。本書正是我對這個命題所做的整理。

如果一個人真的可以學習（真正有效地）轉念、看開的方法，他的思考就能變得更有彈性。但具體來說，到底如何讓轉念有效，可以怎麼做？是真的如師父所說，只能靠緣分，還是其實背後有一套觀點與方法可以參照？

回到心理學的研究，我發現很多心理治療的理論，其實都能有效地帶著個案練習轉念，只是使用的方法不同。

在寫完這本書之後，我的初步結論是：**認真努力的轉念未必有效，但出錯的不是「轉念」本身，而是這個人有沒有搞懂轉念真正的意思**。

真正的轉念並非忽視、否定既有的某些現實，而是跳出自己思考的慣性，找到同一個現實裡面更多的訊息。在看同一件事情的時候，讓自己變得更為公正客觀。在你看事情的視野變寬廣之後，你會發現你的選擇權也變多了。在這種情況下，更可能靠近俗話所謂「山不轉路轉、路不轉人轉、人不轉心轉」的境界。

透過這本書，我除了想和大家分享「轉念」的不同觀點之外，也會從目前心理學的工具中，找到一些能幫助我們有效轉念的方法。這些方法都是我過去曾和個案一起討論與使用過的。大部分個案覺得有幫助的方法，才會被留在本書裡。

在繼續正文之前，我們先來看看「午夜吼叫事件」後來是怎麼發展的，以及這件事給了我什麼啟發。

是這樣的，後來我與室友聊到這位午夜吼叫的大叔。比我還早搬進這裡的他說，他晚上也很常聽到這個大伯在叫。不過，就在和他一邊閒聊時，我突然發現「我被轉念了」。

「我剛搬來那陣子，有天比較晚回來，剛好在路上遇到那個大叔。」

「你怎麼知道就是他啊？」

「因為我剛好目睹他在叫，哈。」

「天啊，他到底長怎樣？住哪啊？」

「他就住我們一樓呀！」

「蛤，傻眼。為什麼我都沒遇過他？」

「哈，這是緣分？看到他那次，我比較晚才回來，才剛好看到他在叫。」

「現場看到他在叫，你有被嚇到嗎？」

「有啊！我一邊看著他叫，一邊想說，我就來看看你到底在叫什麼。結果你知道嗎？」

「他被看到了，是不是覺得自己理虧啊！」

「不是啦，我要講的不是這個。公布答案哦，他晚上會那樣『喂——』一直叫，其實是在叫他家的貓回來！」

「貓？」對身為貓奴的我來說，劇情急轉直下。

「對啊，他說他們家有養一隻貓，很喜歡到外面玩。但是因為白天外面車子多、路人也多，他們不太放心讓牠出門蹓躂，所以都是午夜才讓牠出去。大叔說牠很聽話，只要『喂——』幾聲，牠就會乖乖回來了。」

「哦！怎麼這麼可愛！」

「對啊！大叔叫完之後，我真的看到一隻貓從小巷子那邊跑出來，是一隻賓士貓。」

「哦，怎麼這麼棒……」我在腦中開始腦補賓士貓的長相。

「對啊，你下次如果哪天比較晚回來，可以留意一下。」對話結束在這邊。

雖然在對話過程中，我的室友並沒有要我轉念、不去在意那一聲午夜的吼叫、不要想太多。但奇怪的是，那次對話之後，那吼叫聲好像發生了「質變」。我反而有點期待聽見大叔的那一聲「喂——」。

從物理觀點來看，大叔的那聲「喂——」其實都是一樣的。但在與室友閒聊完之後，這聲喂的「心理意義」好像不一樣了。我突然找到了不同的觀點來理解它。

之後的某一晚，我聽見了同樣的聲音。不一樣的是，在賓士貓的畫面被放在我的腦中之後，這一樣劃破寧靜的大喊，已經從讓我憤恨不平的噪音，變成讓可愛賓士貓快快回家休息的搖籃曲。

「我怎麼就這樣轉念了呢？」一霎時間，我也摸不著頭緒。只發現，因為貓咪的出現，我突然找到另一種方式來理解本來很困擾我的事。還是，這純粹只是因為我是個「有貓就給讚」的人呢？

不對，我要來努力找出背後讓我成功轉念的心理機制。不過在此之前，我發現有一個更關鍵的問題，就是得先了解一下轉念的「念」到底是什麼？

PART 1

轉念前，先搞懂念的本質

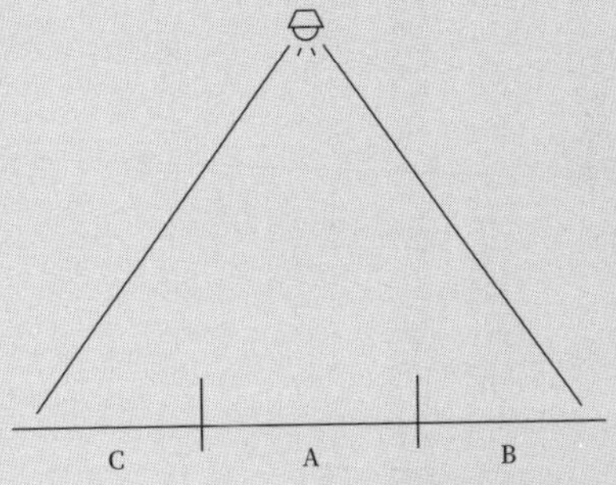

1-1 先好好「看見」念

關於「念」，我在唸研究所時有個深刻的體悟：我們對於自己的「念」時常並不那麼了解。

幾乎對所有研究所學生來說，心頭都有個夢魘，稱之為「畢業論文」。研究生要從自己主修的專業中，找到一個值得被探討的議題，設計對應的研究，並試著回答它。除了找題目、執行、完成研究，最後還要通過指導教授與口委的認可，才能取得畢業證書。

雖然讀大學時，自己有累積一些做研究的經驗，但當時多半是老師主導的研究，我們只是從旁協助而已。上研究所之後，要從零開始構思一個研究想法，比我想像中還要困難。

上研究所後，我每天都在想還有什麼題目沒有被探討過？還有哪些學長姐研究過的主題，我可以繼續延伸討論？就這樣，日也思、夜也想地思考著。還記得在某次週末洗澡時，我腦中迸出了一個感覺很可行的研究方向，我一直把這個想法用力刻在腦海裡，洗完的瞬間趕緊回到電腦桌上，火速記下了幾個關鍵字（怕忘記），然後打開電子信箱，寫封信給老師，希望能和他約時間討論。

週一，老師還沒回信。我一直看著筆記上的幾個關鍵字，一直複習，希望自己記得這好不容易成形的研究點子（真的深怕它不見）。後來在上完某堂課之後，我順道經過了老師的研究室，發現老師在位子上。我從窗外偷看了一下老師，評估了一下，老師現在應該不是太忙（現在想想真是沒禮貌）。

當下鼓起勇氣，心想擇日不如撞日、打鐵趁熱，就趁現在去找老師討論一下好了！於是，我敲敲門，和老師打過招呼。

「哦，益賢，還沒回你信，現在來跟你喬一下時間。」老師本來以為我要來跟他約討論時間的。

「老師，不知道你現在有沒有一點時間，想跟你討論一下論文的方向。」

「哦？你準備好了啊？」

「對，我有一些想法了，感覺是可行的。」

「好，那你說說看。」

於是，我找了一個位置，拿出紙本，想要在當下「還原」我在洗澡時迸現的研究靈感。我努力想把腦中還記得的靈感，用精確的文字表達出來讓老師也能理解。

「等一下，剛剛那一段推論的前因後果是怎麼來的？」

「嗯……哪一段？」

被老師這樣一問，我還真是愈講愈心虛，也意識到自己其實講得離離落落（li-li-lak-lak；台語，意指「零零落落」），連剛剛自己講過什麼都忘了。

「這樣不行，你對研究的整個架構掌握還不夠清楚，回去再想想看，要想辦法讓別人聽得懂才可以。」

「好……」

在我露出失望神情時，老師反而笑笑地提醒：「其實，這是不少學生都會犯的毛病。很多時候，你們很認真，也好像慢慢在腦中孵出一些關於研究的點子。你會愈想愈覺得這點子很棒、很可行。但其實很可能，我們根本都沒有『想清楚』。」

在寫這本書時，我想起了前述這段往事。

「想清楚」有時候只是一種「感覺」，不是「事實」。老師說，有很多研究生都是這樣，以為自己已經想清楚，準備好可以報告了，但上台被問了幾句，才發現沒有自己所想的那麼清楚。在學校任職取得博士學位的老師畢竟是過來人，隨處就能找到很多學生「想清楚」裡頭的「想不清楚」，隨口問幾個關鍵要害，就能當場把學生（的研究靈感）打趴在地上。

那這種狀況可以怎麼改善或解決呢？老師當時提供的幾個建議，剛好也很適合用來幫助讀者在轉念之前，如何先好好「看見」自己的「念」：

第一個，是把你心中的思考、念頭好好說出來。像是先找其他同學，和他報告你的想法。藉由「旁觀者」的大腦，陪伴自己思考，退一步檢視自己的想法是否縝密、有沒有什麼環節沒有留意到。

第二個方法是寫下來。老師提到，「思考」和「書寫」的本質不太一樣。思考是很私密的事，只有你自己知道，所以，其實我們大部分的思考與感覺都是很主觀的事。**感覺雖然很「真實」（畢竟第一手感受到的人是自己），但未必是「事實」**。好比前面提到我還是研究生當時，感覺自己「想得好像很清楚了」也是種主觀的感覺，未必是真的。

相較之下，「書寫」是客觀，也必須是客觀的。為了向讀者清楚解釋你腦中的思考是什麼，書寫者必須如實、完整地把本來在腦中很抽象的想法具體書寫出來。很有可能在我們書寫時，會看見一些本來「感覺」很清楚，但「寫下來」卻漏洞百出的思緒。

這其實也可以解釋「為什麼心理諮商對許多人會有幫助」。那些我們在腦中想啊想的事情，如果有機會透過「訴說」一邊進行整理，很多時候，心理師甚至不必多做什麼，個案在訴說的過程就有機會發現一些自己過去未曾留意的細節。時常，這些細節很可能就是改變的契機。

同時，心理師在傾聽時，因為不是當事人，並不知道發生了什麼事，因此他可以站在旁觀、客觀的角度，陪伴個案探究腦中的想法。像是拼拼圖的過程，一問一答，把重要的資訊逐一拼湊出來，讓個案有機會看見自己思考的「全覽圖」長什麼樣子。

面對煩惱時，這種找到「思考全覽圖」的練習是很重要的。有時轉念轉不動，或許是因為我們沒有發現自己思考上的漏洞。

轉念提案 **你是容易胡思亂想的人嗎？**

胡思亂想的人花了很多力氣在思考。但時常「胡思亂想式的思考」對於改善現況並沒有幫助。原因在於，胡思亂想時，我們只在「思考全覽圖」的其中一小塊地圖上打轉而已，並沒有看見「思考的全貌」，而無法找到真正能夠改善問題狀況的核心（如果真的找到的話，事情多半可以解決與處理，其實也就不用胡思亂想了）。

因此有心事、心煩意亂、雜念多多時，誠摯邀請您先找身旁比較客觀的家人、朋友討論。若此時沒有親友在身邊，也可以試著將煩惱寫下來。

如果不喜歡動筆，借助科技也不錯。我常向個案分享一個手機APP，是由國人自行研發的語音輸入工具「雅婷逐字稿」，這是一個AI語音辨識軟體，可以即時將語音轉化為文字。

不妨把雅婷當作你私人的心理師，每天花幾分鐘時間，和她說說你今天過得怎樣，與她分享你今天遇到的不順心或煩惱。說完之後，不用急著檢視逐字稿。可以把逐字稿放個幾天，再去看看你幾天前的「想法」有哪些地方沒想清楚。

1-2 思考的影響力

「注意你的思想，它們會變為言語。注意你的言語，它們會變為行動。注意你的行動，它們會變為習慣。注意你的習慣，它們會變為性格。注意你的性格，它會變為你的命運。」（英國首位女首相柴契爾〔Margaret Hilda Thatcher〕）

曾經，我覺得這句話言過其實了，但再長大一點後才發現，此話所言不假。

在前一節，我提醒讀者多留意自己的念，並試著用更客觀的方式來檢視、看見自己的「念」。換句話說，你必須時常問自己：「我在想什麼？」或是問：「此刻，我能將腦中的思緒說清楚、講明白嗎？」

這一節則是想進一步點出思考的影響力。在柴契爾的那段話中，「思想」也就是「念」本身，扮演著關鍵的角色。我們可以用一個經常被流傳的寓言來看見其中的端倪。

大意是這樣的：有家製鞋廠派了兩名行銷人員到落後國家去研究市場擴張的展望。其中第一位人員回國後向主管報告：「完全沒希望，那個國家幾乎沒有人在穿鞋子，不宜到那邊設廠。」幾天後，另一位人員則開心地回來向主管報告：「主管，我們找對地方了，那個地方沒有人穿鞋子，真是一個商機無限的地方」。

有趣的是，這兩個人踏上的落後國家，是同一個地方。但他們看到的同樣畫面，卻用了不同的「念」呈現出來。覺得無望的人，透過語言表達了自己看到的「無望」（思想變成語言）。這樣的語言，很可能會「引導」這個人在離開這個國家之前，持續「看見」不適合在此設廠的資訊，像是交通不便、人口稠密擁擠，進而更相信不該在此設廠的決定，更大聲向長官呼籲（語言變成行動）。可以想像的是，類似這樣的經驗若持續累積，這個行銷人員在未來評估市場時，會慣用他過去關注、留意的地方來做決定，慢慢成了一種習慣。當行銷人員無法從市場中看到可能性時，這種慣性很可能會影響到他的職涯，也就決定了他在這個產業的命運。

在心理學裡，這種「思考、情緒、行動」互相影響的狀況，是很重要的提醒。時常，思考扮演著牽一髮而動全身的力量。**你的想法決定了你的感受，更攸關你做出的決定。**

至於我，學習轉念的方法倒不是為了去辯駁什麼是對的、什麼是錯的，而是去看見更多的可能性，並且意識到當你「擁有」某個念之後，你可能連帶受的影響是什麼，你可以去觀察這樣的連鎖效應。

或許我們不會知道怎樣的「念」能帶我們走向最美好的人生，但掌握了轉念之道，你的人生至少會擁有更多的選擇與可能性。

1-3 別急著相信你的思考

如果要辦一個「諮商時，心理師最常說的話」的票選，我猜「現在，你在想什麼？」應該會得到前五名。

透過這個問句，心理師真正想做的是從個案的大腦中去「撈到」一些思考的素材，邀請個案先暫停下來，把腦中思緒透過「說」來整理。

一般狀況下，我們的思考實在太快、太自動、也太理所當然了，我們未必有機會發現它的力量。因此心理師時常得關注個案在想事情的時候，到底在想些什麼，特別是一種稱為「自動化思考」的思考。

臨床心理學家麥克凱（McKay）、戴維斯（Davis）與范寧（Fanning）指出[1]，那些時常困擾人們的「念」，雖然「內容」會因人、因生活情境而不同，但這些思考與念頭仍有些共通的特色，好比：

念時常用「簡略」的方式呈現。煩、怎麼會這樣、給我記住、氣死……雖然這些念看似簡短，但我們都有過類似這樣的經驗，有時這短短幾個字就足以帶給我們許多情緒，讓我們愈想愈氣。同時也有一些人發現，他們腦中的念有時會以「畫面」的方式呈現，可能只是閃過一個場景、記憶，還沒有語言表達時，當事人一樣會有感覺。

第一時間，我們傾向於「相信」這些念。多數時候，我們腦中的念是幫助我們面對突發狀況的好幫手，像是看到紅燈，你心想「踩煞車」，這是念很實用的一面。不過，有時念就沒這麼實用了，好比你看到路邊停著一台高級跑車，心想：「呿，哪個富二代開的。憑什麼開這台車！」你可能沒發現到，光是大腦跑出這樣的念頭，就足以引發你不滿、憤怒、嫉妒等情緒（要不要去查一下這台車的車主到底是誰，再決定怎麼想呢？）。困難之處就在於，我們在思考時，要記得後退一步去「思考

1 McKay, M., Davis, M., & Fanning, P. (2021). *Thoughts and feelings: Taking control of your moods and your life*. New Harbinger Publications.

我們的思考」，看它是有幫助還是沒幫助的。

念的本質是很自動的。在後面章節我會提到，我們可以把「念」視為：大腦在日常生活中，面對各種人、事、地、物後，自動生成的「建議」。它的快速、自動，確實幫助了我們（如剛剛紅燈要停車的例子）。但更多時候，這種自動化也有缺點，因為它太自動了、太順了，我們很少會停下來分析這些念，我們時常高估了自己對於念的掌控程度。

再整理一下念的核心特色：

1. 我們常對「念」是不知不覺的。
2. 「念」的出現是簡短、快速、自動、本能的。
3. 「念」時常是很實用的，但更多時候可能會幫倒忙，讓我們心情受影響。
4. 我們很容易相信每一個念頭。
5. 練習「思考自己的思考」，檢視「念」是否有幫助，很重要。

接下來我想聊聊認識念的另一種方式，也即在大腦裡，我們的念長什麼樣子？

1-4 在腦中，念只是一股電流

不知道各位有沒有玩過一個網路上曾經流傳過的遊戲。方便的話，現在就打開你的智慧型手機，點開有記事本功能的APP之後，用鍵盤輸入第一個字「我」。

接下來，你的手機應該會列出一排「我」這個字後面可以接著使用的字詞。以我的手機為例，輸入法會依據你過往的打字習慣，推薦一些你可以在「我」之後接著說的話，讓打字更有效率。如下頁圖所示，輸入法預測你想說的可能是「我也」、「我們」、「我不」等等。

接著你以隨機點選的方式，每次都從輸入法建議的字詞裡挑一個，然後像接龍一樣按下去，看看最後會出現怎樣的句子。我在寫這本書時，用不選字的隨機方式點選，以「我」為開始，一路往下接的（意義不明）句子是：

我國經濟的成長與成長幅度分別超過一半一半都不敢死隊中國人就不會再發生在菲律賓馬尼拉人質事件後離開美國大使館示威……這種行為很恐怖耶路的感覺好像有什麼好事啊。

請各位體驗一下這個有趣的遊戲，然後我們再接著繼續討論念的另一個特色。

前一節提到念有自動化、快速、簡短的特色，而念之所以這麼自動化、這麼快速，可以從它在大腦中的模樣來思考。若我們把一個人放在照腦的儀器中，一邊請他想事情，一邊觀察大腦的變化，化約到最微小的尺度時，所謂的念（思考、思想），在大腦中看起來就是一股「電流」的傳遞。不管你此刻想到的念是開心、正向的，還是沮喪、負面的，五花八門的念，在大腦裡看起來都是一股電流的傳遞。

人類大腦裡有著極為複雜的「神經系統」。

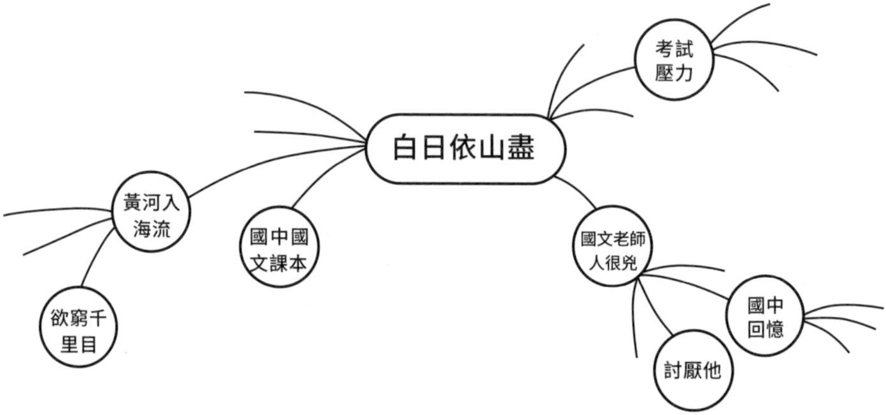

這個系統是由許多的神經元（單一神經）構成的，科學家推估，我們腦中約莫有五百到一千億個神經元，而每個神經元之間傳遞訊號的方式，就是透過「神經傳導物質」、「神經電位」的機制來溝通。簡化比喻來說，當神經電位發生時，很可能我們就迸出了一個想法，而某個區域的電位傳遞出去後，又可能引發附近區域的電位反應。

好比當我說「白日依山盡」時，你腦區的某幾個神經可能發亮了，出現「黃河入海流」、「國中國文」、「國文老師的長相」、「國文考試的分數」等想法，這些想法很可能又會往下引發後續的想法出現。

研究者推估，如果我們把大腦約莫一千億個神經元，彼此之間相互連結、運算的話，最少需要十兆GB的記憶體。人腦儼然是全世界最厲害的電腦呢！這種連結與運算能力（速度），幫助人類完成了很多事情。但反過來說，也製造了不少人類特有的煩惱。

在我們每次思考時，我們想到的概念會在腦中自動引發下一個相關概念。舉例來說，準備出門工作時，你看到「天氣陰陰的」，於是想到「雨傘」。這是這種「自動聯想」很棒的地方，幫助你防患為然。但反過來說，也很可能「天氣陰陰的」會讓你接著想到「腳濕掉」，然後接著想到「不舒服」、「不開心」、「為什麼這種天氣我還要出門」。

也就是說，在大腦一個個元素的聯想過程，如果不小心在某個環節「走歪」，往比較負向的概念發展時，我們的情緒就會變差了。就像剛剛我們從「天氣陰陰的」出發，最後卻是來到「為什麼這種天氣我還要出門」，再往下想，你可能會想起最近職涯上的煩惱、好想中樂透不工作、薪水不夠用、買不起房子……

各位有發現嗎？其實我們一開始就只是想「出門工作」而已，但當後續念頭不斷被翻攪出來，卻引發了許多情緒。

研究人類大腦的認知心理學者發現，人腦這種「點點相連」的狀態，很像一個超級超級大而且密密麻麻的「網路」，稱之為「大腦神經網路」。在培養轉念的能力之前，我們需要多了解一下大腦神經網路的特性才行，接下來一節，讓我們來讀讀「大腦神經網路的使用說明書」。

1-5 大腦神經網路使用說明書

要直接認識大腦思考時用到的神經網路，講解起來會有點硬。在諮商室裡，我發現用另一種「網路」，也就是我們常常上網的「網際網路」來比喻會更好理解。

你用過 Google 嗎？相信讀者不陌生，據調查，每秒有超過四萬人在上頭搜尋資料。這個已經融入我們日常生活中的「搜尋工具」，巧妙地呼應著我們的大腦思考在做的事。

一般情況下，Google 是這樣使用的：

1. 在生活中遇到問題
2. 需要找出答案

3. 打開搜尋引擎
4. 把問題輸入到 Google
5. 按下搜尋按鈕

不用幾秒，搜尋引擎就幫忙找到非常多筆的資料。

舉例來說，某天下午三點多，你剛開完會，終於可以吃飯了。身處陌生的台北萬華區，你想知道萬華這一帶有什麼好吃的餐廳，而且是中午不休息的（步驟 1、2）。於是，你打開 Google，輸入「萬華、美食、下午有開」這幾個關鍵字，並按下搜尋（步驟 3、4、5）。Google 於是快速列出了數百個想給你參考的選項，協助你能快速解決這個問題。

大腦的思考過程和 Google 引擎有些地方非常像。我們把大腦思考的過程也列點出來比對一下：

1. 在生活中遇到問題
2. 需要找出答案
3. 大腦接受到訊息

4. 訊息在大腦中運作
5. 按下搜尋按鈕（這步驟不用）
6. 大腦提供你一些建議、想法

有看到Google和你大腦相似的地方嗎？生活中，每當我們遇到困難、煩惱等需要解決的問題時，大腦就會出動，透過思考來幫助我們解決問題。兩個網路都是為了「解決問題」而存在的。

借用剛剛「萬華、餐廳」的例子，我們繼續思考幾個有趣的問題。第一個是：Google是怎麼知道萬華有這些店家的呢？

答案是，Google無時無刻都在「爬（抓取）網頁」。每當有新的網站、網頁被建立後，Google就會去裡面走一圈，並且學習這個網頁裡面的資訊。而這個網頁被學習、被爬過之後，它就變成了Google背後知識資料庫的一部分。下回，有人問Google「萬華」的問題時，Google就能從自己建立的資料庫裡，挑選出與萬華有關的頁面，呈現出來[2]。

這種過程跟大腦思考很像。當我問你：「九乘六是多少」時，你的大腦也正在透過「提取」，判斷這是「乘法」、「數學運算」，從「大腦資料庫」撈出答案，所以你可以成功答出「五十四」。

而大腦裡頭的「資料庫」是怎麼來的呢？是源自於我們在國小時曾經學過的乘法。我們曾經學過、體驗過的事物，都會變成「大腦資料庫」的一部分，變成我們未來遇到問題時，可以請益的資料庫。

不過，Google 和大腦還是有地方不一樣的。相較之下，Google 是更勤奮的學習者。你正在閱讀這本書的此刻，這本書的訊息也被放上了網路，Google 也會爬到這本書的訊息，因此當你在 Google 上搜尋這本書的書名時，你也能找到這本書。

可是我們的大腦就沒有這麼勤奮了。大腦建立知識資料庫的主要時間點，約莫是在我們求學時期，特別是「童年」的階段。除了學習具體知識之外，大腦也一邊在學習「與自己有關」的知識。好比，我是誰？我是一個怎樣的人？我擅長什麼？我不擅長什麼？我是不是一個值得被愛的人？我應該要表現得很好，才值得被愛等

2 此處以 Google 對比大腦思考的過程，對於網頁、Google 等技術、細節的說明，無法完全精確、到位描述，目的是為了讓讀者更易理解而精簡化，因此還請網路專家、相關工程師讀者包涵。

等，這些與自我有關的描述、判斷或規則，幾乎都是在我們童年時期就建立起來的。

但這些判斷、與自己有關的知識，是誰帶給我們的呢？答案多半是我們的照顧者（通常是父母）。對小朋友來說，在接受父母教養的同時，小朋友就一邊在學習各種規則（如聽話才會有飯吃）與各種判斷（如男生力氣比較大）。孩童時期是我們這輩子學習力最驚人的時刻（大腦在孩童時期的發展也是最快速的，不意外吧！）。常有人用「如海綿般的吸水功力」來比喻孩子的學習力。這些小時候學到的知識、規則、邏輯與判斷，都會被我們直接帶到長大的世界，幫助長大的我們應對各種狀況。

剛剛說Google連「現在」都在學習、更新知識。反過來看，大腦其實很常停留在過去的資料庫，沒有隨著時間更新。長大後的我們在使用「大腦資料庫」裡頭的知識時，很少有機會發現：**許多我們此刻仍正使用的知識、判斷與準則，其實都是我們「小時候」學到的**。而「**小時候**」**這段期間，正是我們這輩子最缺乏「判斷力」的時間**。**我們只知道學習、吸收，但無法判斷我們學到的東西到底是不是正確的**。

很有可能，我們在小時候學到的知識並不精確、不完整，甚至時常是偏頗的。這背後取決於每個人成長的環境、父母的教養風格，在小朋友成長階段時，提供了怎樣的資訊。在下一節，我會用北海道的孩子來進一步說明。

1-6 日本小孩竟然不怕「那個」

我曾看過一集日本節目，在外景現場，有一群孩子好奇觀察著一個透明培養箱裡頭的生物。他們喜孜孜看著這個在當地被戲稱為「都市傳說」的生物。有的孩子甚至好奇往盒子靠近，想聞聞牠的氣息。節目裡，孩子聞到味道後說：「唉呀，還真臭呢！」然後彼此哈哈大笑。

這個生物台灣也有，而且是許多人（包含我）心中的夢魘。牠有著咖啡色、閃亮色澤的外表，兩根長長而且一直左搖右晃的鬍鬚，有六隻腳。有的會飛（最可怕的那種），有的只用爬的。夏天特別容易看見牠，尤其是在半夜，你走到廚房，把燈打開的那一刻。你可能會在餐桌上、廚餘桶，又或是洗手槽上看到牠⋯⋯

你猜到了嗎？這個被日本孩子當作寶物，有的孩子甚至說，能看到牠覺得十分感動的生物……沒錯，就是蟑螂！

我的天啊，蟑螂欸！我永遠忘不了，日本孩子看到蟑螂後直說「真感動，沒想到能親眼見到蟑螂」，然後還請主持人幫自己和蟑螂拍照（背景播著麥可傑克森的〈拯救世界〉這首歌）。

為什麼這群孩子面對蟑螂的反應，與我們多數人如此不同？原因在於，蟑螂在北海道是非常罕見的生物。據資料表示，北海道長年低溫，非常不利於蟑螂的生存。因此對多數北海道居民而言，蟑螂一直以來都是一種「聽過」卻鮮少見過的神祕生物（所以才被稱為「都市傳說」）。

可以想像嗎？我們對「蟑螂」的判斷，很大一部分是從爸媽那邊學到的。想像一下，一個在北海道長大的孩子，可能會從爸媽那兒學習到的蟑螂資訊大概是：「蟑螂是一種熱帶才會出現的生物，在我們這很罕見，幾乎都看不到哦，是非常罕見而特別的生物呢！」

但若把地點拉回台灣，一個在台灣長大的小孩，又會從父母那邊學到什麼關於蟑螂的知識呢？八成大概是媽媽看到蟑螂之後大叫：「快叫你爸來殺蟑螂啊！」又或者是爸爸看到蟑螂飛起來之後，也跟著大叫「怎麼飛起來了啊啊啊」的畫面。

思考一下，在孩子還沒有學到任何與蟑螂有關的知識之前，蟑螂本身是一個

「中性的存在」。但在看到爸媽與蟑螂的互動之後，他們就在大腦中建立了一個「蟑螂＝討厭」、「蟑螂＝噁心」、「蟑螂＝危險」這樣的印象。這種學習，是非常默默、下意識，卻有驚人影響力的。

心理學研究發現，在孩子成長路上，所謂「學習」，或者我們這裡指稱的「累積大腦資料庫知識」，主要有三種方法：

第一種學習，源自我們的親身經驗。摸到熱水壺之後感覺痛，因而在腦中累積了「熱＝危險」、「碰到熱＝痛」、「熱＝要避開」這樣的知識。這是一種成本最高的學習方法，神農嚐百草就是親自體驗的學習方式。

第二種學習，是透過長輩、老師、爸媽直接的言語告知。爸媽指著熱水壺，一邊告誡著你：「這很危險。」因為我們信任父母，所以我們也會把這樣的觀念直接學起來。又像是媽媽告訴孩子說，「蒼蠅碰過的食物不能吃」，也是一種藉由言語告知而學習起來的觀念。這種學習的成本比較低。因此，有許多古人應該感謝李時珍，在我們翻閱《本草綱目》之後，也是透過語言知道有些草不能吃，這也算是言語學習。

第三種學習，稱為社會學習。一個人透過觀察，而意識到、學習到某些觀念或規則。正如初次與蟑螂相會的孩子，親眼看到「爸媽在碰到蟑螂之後展現的行為反應」。對孩子而言，看在眼裡，也是一種學習。爸媽透過具體行為，展現了對蟑螂的恐懼與嫌惡，而在旁觀看的孩子，就默默學習到「蟑螂＝危險」的連結。「言教不如身教」在講的就是社會學習。

綜合來看，爸媽的教養與跟孩子的互動，正是孩子小時候大腦資料庫最主要的資訊來源。為什麼嬰幼兒這麼聽爸媽的話呢？對小小孩來說，要獨立存活是不可能的。這時父母的存在就變得非常重要。父母是少數會無條件回應小小孩需求的人。而孩子發現，要讓父母願意回應自己的需求就得「聽話」。孩子如果聽話，大人就會正向地回應他。因此對小小孩來說，聽爸媽的話，並把爸媽的話記起來，其實是攸關生存的任務。

當然，這背後是有風險的。原因在於，爸媽不可能永遠是正確的。但是對毫無判斷能力的小小孩來說，「爸媽永遠是對的」。即便爸媽現在心情不好、剛喝完酒、剛被裁員……所以不小心說出了不適當的話，小孩都會將這些話放在心裡，並且嚴肅以對，把它放進大腦資料庫當中。

近幾年市面上出版的許多心理書籍都在探討父母、雙親的教養方式，會如何影響到一個人成長。裡頭常見的論點是，許多我們長大之後的心理議題、人際困擾，很可能都與童年時期有關。

這種論述讓許多人鬆了一口氣，知道自己現在會這樣，原來「其來有自」。但這種論述也讓不少人從此心生埋怨，認為自己現在會這樣，背後的「兇手」原來是父母。

本書是一本討論「轉念」的書，我也想對這樣的現象，陪讀者做點「轉念」。除了關注「過去」是如何影響我們之外，本書更想邀請讀者把眼光轉向「未來」。儘管童年時期，那一段大量知識與經驗累積的時期已經無法回溯重來了，但長大之後的我們，在理解「往者不可諫」的同時，仍要記得「來者猶可追」。

對一個不熟悉大腦運作、發展心理學的人來說，「跳出來」檢視自己童年累積的知識、觀念、信念與判斷，其實是困難的。而這些被當作「真相」的「非真相」，很多時候就是我們「轉念」之所以困難的原因。

我常問個案，你的筆電、手機、平板用一陣子之後，是不是會跳出「軟體升級通知」。為什麼軟體需要升級呢？因為本來以為會很好用、很OK的設計，在使用者用過之後，有人發現了一些 bug（臭蟲）、找出了一些可以優化的環節。於是，工程師透過這樣的意見回饋，對軟體進行調整、修改，讓你能享受「升級後的軟體」，在使用上愈來愈順手、便利。

那麼，我們大腦裡面的軟體——這個主要安裝於童年時期的軟體——有多久沒有升級了呢？

我在寫每一本大眾心理學讀物時，心中想的都是，我希望這本書能成為讀者生命中「更新」大腦軟體的工具。這本書也不例外，透過一些觀念闡述、案例分享、小練習，本書想陪讀者找到一些「過時」的軟體，然後學習新的觀念，替這些軟體升級，更新一下，變得更適合你「現在」的生活來使用。在閱讀本書的過程中，我希望各位能夠一步步累積新的知識，為之後的「轉念」能力打下良好的基礎。

PART 2

跳脫思考框架，為轉念做準備

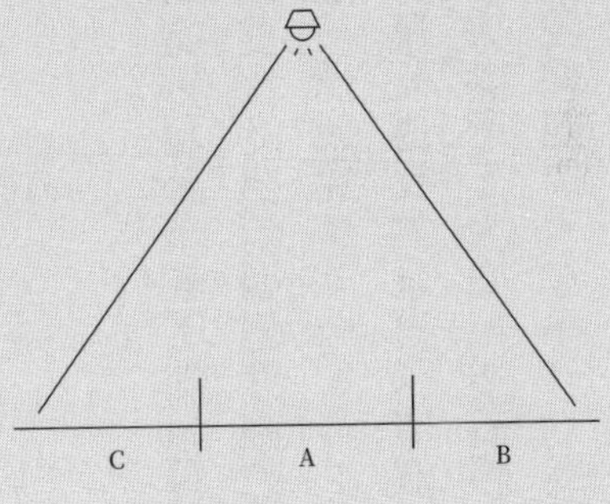

2-1 大腦其實非常喜歡偷懶

人類全身的器官都持續消耗著能量以維持身體機能，大腦也是。不過即便我們現在沒有在進行任何事，身體處於靜止狀態，只維持基本呼吸、消化與體溫恆定時，大腦這個器官耗能的狀況仍十分明顯。

在靜止時，大腦耗能比例就占了整個身體能量消耗的百分之二十至二十五（給讀者一個比較基準來參考，大腦這個器官只占了人體體重的百分之二而已）。先前提到，童年時期是我們腦部大量建立「腦內資料庫」的時期。在五、六歲時，一個孩子就算只是坐著不動，他腦部大量運轉時的耗能，就已經占了全身能量消耗的六成呢！

對物種生存與延續而言，耗能其實是個壞消息。這表示我們要持續補充更多能量才能活下去。這真是個傷腦筋的狀況，總不能讓大腦一直這樣處在大量耗能的狀態吧？

因此在人類漫長演化的過程中，腦部也慢慢發展出許多**節能減碳**的思考策略。這些為了「節能」而發展出來的思考策略，很多時候反而是人類困擾的來源。什麼意思呢？聽我娓娓道來。

此處我將延續先前提到「把大腦比喻為 Google」的內容，當時曾舉過一個「尋找萬華好吃餐廳」的例子，這個例子還沒結束。在你從 Google 搜尋頁面上找到很多家餐廳後，一般情況下的合理反應是，我們會從所有搜尋結果中，初步找出一些我們覺得不錯的餐廳，然後一個個點進去看，看一下菜單、菜色、價格，然後綜合評比，最後才從中找到一間覺得整體而言都不錯的餐廳，並決定去吃。

假設你是一位 Google 愛用者，你可能在吃完這間餐廳之後，會透過 Google Map（地圖）的評價功能，給這間餐廳「五顆星」的評價（如果它非常好吃的話）；或者，你可能只會給它三顆星，假設它表現不如預期。最糟糕的情況，你可能只會給它一顆星，呼籲大家以後都不要去了。

就在你給出評論的同時，Google 也一邊在學習「你提供的新資訊」。你剛剛針對餐廳提供的評分，就是一種「新資訊」。每當你給了某間餐廳非常低的分數，就是在告訴 Google，以後類似的店別再推薦給我了；反之亦然，Google 會記得你喜歡的餐廳類型，在未來多提供這類餐廳資訊給你。

大概是這樣一來一往的過程：

1. 你問 Google 問題
2. Google 給你答案
3. 你根據 Google 提供的答案做決策
4. 你針對這個決策再回饋給 Google
5. Google 學習你的偏好

像這樣，Google 一邊透過學習你的反應，一邊記得這類反應，未來在你搜尋時，它會盡可能以你過去的反應為基礎，推薦你「（它認為）最適合你」的參考選項。背後這種操作流程被稱為「個人化的搜尋結果」，是 Google 大約在二〇一〇年左右推出的，也就是 Google 依據你過往的瀏覽紀錄、偏好的內容及網站，微調呈現出「適合你」的搜尋結果。在這邊，Google 之所以能進行個人化搜尋的原因，是因為它正在實踐一種「深度學習」的技術。

剛剛講的是Google進行「深度學習」的流程，接著，我們來看看「人腦」是如何透過學習來進行類似的歷程。為方便起見，我接下來會把大腦思考的過程，用「Boogle」來比喻（取自大腦brain的第一個字母B）。

今天早上，主管氣沖沖地跑到你的座位旁邊，大罵了你一頓。你摸不著頭緒，並不知道發生什麼事了，一時間也沒聽清楚他到底在罵什麼，只能摸摸鼻子繼續坐在位子上，乖乖聆聽他的「教誨」。

罵完人之後，主管一溜煙地離開了辦公室，留下了不知所措的你。莫名其妙被罵後，你覺得非常生氣、煩躁。

這時，你打開你的大腦搜尋引擎Boogle問道：「主管罵我，到底是怎麼一回事？」你的Boogle開始快速運轉，不用幾秒鐘，給了你一個答案：主管本來就看你不順眼了，被罵真是不意外。

你心想，確實沒錯。聽說上次在單位調薪的時候，主管故意把你的加薪順序往後移動。上次你身體不舒服，想請假的時候，主管還給你眼色看；在簽假單時還不太講話，連你哪裡不舒服都沒問……

在參考了Boogle提供的搜尋結果之後，你愈想愈氣，連上班的心情都沒有了，身體還一邊開始感覺煩躁，腦中怎麼想都是主管那張讓人生氣的臉（還有噴著口水罵人的畫面）。你還發現自己現在有股衝動，好想立刻衝去主管辦公室大拍桌子喊叫：「老子不幹了！」希望能挫挫他的銳氣，真是氣死了！

在此先暫停一下，我們來看看剛剛大腦 Boogle 是如何運作的。

1. 你問 Boogle 問題
2. Boogle 給你答案
3. 你根據 Boogle 提供的答案做決策
4. 你針對這個決策再回饋給 Boogle
5. Boogle 學習你的偏好

和剛剛一樣，你在生活中遇到了一個煩惱、一個問題，想知道背後的來龍去脈。大腦感受到了這個問題，開始搜尋過去的經驗後，提供了你一個答案。

稍微比對一下，這個流程真的跟 Google 很像呢！但有沒有覺得哪裡怪怪的？Boogle 與 Google 最大的差別在於：**Google 會給你超級多個選項，讓你去選擇。可是大部分人腦裡的搜尋引擎 Boogle，只會提供我們「一個」選項而已。**這就是我剛剛所指的「節能減碳」，想出太多可能，會消耗大腦許多能量。因此對預設的

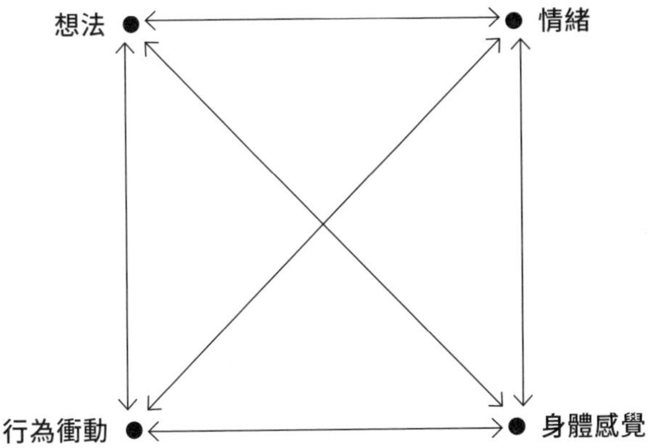

大腦來說，一個選項就夠了。

讓事情變糟糕的是，在你相信Boogle提供的（單一）答案之後，我們會認為這是「唯一」正確的答案（畢竟它是源於你過往的經驗），然後你會開始步入「深信」這個答案的過程。

它提供的想法，會引發我們內心的情緒（像是剛剛的憤怒），也可能會誘發我們身體出現某些感覺（好比剛剛的煩躁、不耐）；想法、情緒加上身體的感覺混在一起，就可能促使我們去採取某些行動（想去主管辦公室拍桌子大罵他）。

「想法」引發「情緒」、「身體感覺」，並促發「行為」。這些元素很多時候不是「單向道」，而更像是「雙向道」。你的想法告訴你，你被看輕了，於是，你感到憤怒，你的憤怒又回過頭來，讓你更深信這個「被看輕」的想法，憤怒引發了身體反應，身體反應又回過頭來強化你的憤怒……

你可以想像有一天Google搜尋的結果都只有「一項」嗎？好像不太習慣吧？我們都習慣參考許多選項之後再做決定。但我們可能都沒發現，原來我們的大腦在想事情時，居然都習慣只給我們「一個選項」。意識到這個大腦慣性之後，我們就為轉念打下了一個重要的基礎。

轉念提案　「來亂的」的評論

有天，我在網路上看到一張網友分享的圖片，是一張來自Google地圖的截圖。上頭是一間鹹酥雞店，還有網友的評論。整體來說，這家店被打了三點六顆星。前幾則留言都是給五星評論，說鹹酥雞很經典、是招牌、一定要買。但這張圖流傳的原因，不是因為這家店的鹹酥雞有多好吃，而是因為裡頭的其中一個評論是這樣的：

評等：三顆星
網友名稱：張太太
評論：我吃素，恕我無法評論！

這讓人哭笑不得的畫面，讓我不禁想到這種給人家感覺「來亂的」的評論，其實在Google裡面也許不少呢。有多少時候，我們有去留意取得的資訊是否公平、可靠呢？當我們大腦的資料庫中也混入了這樣「來亂的」的資訊時，我們有辦法去發現這個狀況，然後調整我們看事情的觀點嗎？

2-2 練習想出更多可能性

某天，我突然發現「大腦只喜歡給你一個建議」時，突然對自己的思考不是那麼有信心了。但我後來發現，要讓大腦慢慢習慣「至少想出三個可能」，其實也是可以經過練習來培養的能力。這一節我們就來練習看看。

假設大腦 Boogle 不那麼「省電」，更像是標準版 Google 的話，我們期待它能在事情發生之後，可以提供我們更多種建議。下面這個題目，在前一節的討論有提到，請試試看根據這個情境，列出至少十種可能的原因。

1. 題目：請問主管罵我，到底是怎麼一回事？

2. ＿＿＿＿＿＿＿＿

3. ＿＿＿＿＿＿＿＿

4. ＿＿＿＿＿＿＿＿

5. ＿＿＿＿＿＿＿＿

6. ＿＿＿＿＿＿＿＿

7. ＿＿＿＿＿＿＿＿

8. ＿＿＿＿＿＿＿＿

9. ＿＿＿＿＿＿＿＿

10. ＿＿＿＿＿＿＿＿

比想像中困難還是簡單呢？如果覺得困難，這是很合理的，因為我們正在做一件對大腦來說很耗能的事。不過這個「看見更多可能性」的能力，卻能在緊要關頭幫我們做出更好的決定。下面幾個答案是我在寫書時，找到的十個可能：

1. 主管就是看你不順眼（這是剛剛第一個就出現的想法）。
2. 主管昨晚與家人吵架，今天看什麼都不順眼。

3. 主管其實暗戀你（打是情、罵是愛）。
4. 主管的家人最近生病，他自己狀況也不是很好。
5. 主管其實希望栽培你當接班人，所以對你特別嚴厲。
6. 主管發現你最近跟A女走得很近，而他其實很喜歡A女。
7. 主管意外得知你的父親跟他的父親是世仇，所以潛意識地討厭你。
8. 主管昨晚發現自己中了樂透，已經打算離職，所以現在決定在職場上做自己。
9. 主管腦部有腫瘤壓迫，所以情緒控制變得很差（生理疾病）。
10. 主管可能患有躁鬱症，而最近他的躁期發作，脾氣變得火爆（心理疾病）。

這個「可能的原因」其實還可以再繼續往下延伸。要想出更多可能性，不是沒有可能。但此處**練習的重點並不在於「哪一個結果是正確的」**。因為，在事情發生的當下，這不是我們「立刻」就能判斷的。因此太急著下定論，甚至誤以為你的第一個念頭就是「對的」，其實是一件很危險的事。

轉念有一個很重要的先備能力，是在一件事情發生後，**你能不能在腦中想到這件事情背後很多種可能性，而非急著下定論，並以這個定論去行動**。我們就隨便挑三個剛剛腦力激盪出來的可能性，看看事情會怎麼發展吧！

想法	可能引發的情緒	可能引發的身體感	可能引發的行為反應
1. 主管就是看你不順眼	生氣、不滿	發熱、火冒三丈	去辦公室拍桌理論
5. 主管希望栽培你當接班人，所以對你特別嚴厲	哭笑不得	又暖心又為難	問自己有哪些地方可以調整
9. 主管腦部有腫瘤壓迫，所以情緒控制變得很差（生理疾病）	心疼、感傷、擔心	沉重感	主管罵完之後，提醒他要好好休息

若你還記得Boogle提供的建議（想法）會引發我們的情緒、身體感覺的變化，促發我們採取某些行動，在上圖，我挑了我想的十種可能之中的1、5與9來讓故事繼續往下發展。來看一下，在我們選擇不同建議之後，後續會發生什麼事情。

在我們親口詢問之前，我們往往難以判斷哪一個選項是「真相」；當然很多時候，就算我們親口問了，對方說的答案也未必是他內心真正的想法（唉呀，活著好難）。因此，這裡邀請大家做的練習背後的重點是，先別急著定義所謂的「真相」，而是去練習、去習慣，在遇到事情時先想辦法找到更多的可能性，並且記得提醒自己，**當我們能用更多角度去理解同一件事情，其實我們就是「有所選擇的」，也比較不會被特定的情緒**

所困住。

下決定的時間點，未必要是當下。等時間稍久一點，你對整件事情有更完整的認識之後，你的判斷會更接近真實的狀況。屆時，你可以再把這些「更接近現實的資料」提供給你的大腦。透過這個過程，大腦思考就會變得更客觀，未來再遇到類似事件之後，你也更有機會做出更縝密的判斷與決定。

在諮商室裡，打開個案的「可能性」是我心中很重要的目標。許多個案看事情的角度常常「太絕對了」，欠缺必要的彈性。在大自然、物理現象裡，「絕對」這種現象是存在的，好比：重力總是往下的、太陽總是從東邊升起。雖然大自然現象有其「絕對」，但人類的心智十分複雜，若習慣用「絕對」的眼鏡來過生活，很多時候都會遇到狀況的。

因此，下次遇到事情發生時，別急著採納你大腦Boogle的第一個建議，多問自己：「還有其他的可能嗎？」

轉念提案

敢按呢？

某陣子，網路上流傳一個迷因（meme），主角是數年前知名台灣連續劇《台灣龍捲風》裡飾演葉美琪的方岑。在這部劇中，葉美琪有個口頭禪：「敢按呢？」（Kám án-ne，台語，意指「是這樣嗎？」）。有位網友認真地找出她在七十七場劇中說出這句話的影像，將它全部剪輯在一起。

這句洗腦、跳針的「敢按呢」，意外成為我諮商室裡常用的話語。當個案分享了一段經驗，並（不自覺）給出一些結論時，我會對個案說：「敢按呢？」我們會有默契地笑著，然後繼續思考：「有沒有其他的可能性？」

透過這樣的過程，我們當下未必能找到所謂的「真相」。但，不斷提醒自己，所有事情都可能有各種解讀、理解的空間，找出這些空間，也意味著心理上的彈性會變大，我們的情緒也比較有機會去調節。

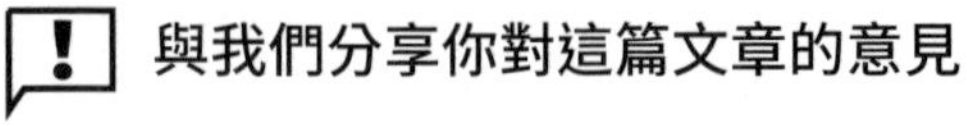

2-3 幫你的想法打分數

為了寫這本書，我對 Google 做了一些功課，發現 Google 有發布一份「使用 Google 時常見的疑難雜症」Q&A，讓其他像我一樣的使用者，在使用 Google 時若遇到一些不知道該怎麼處理的狀況，可以透過他們事先整理好的資料，快速找到所需的答案。

不過，我印象深刻的倒不是這些那些詳細的回答與技術說明，而是，在每一個 Q&A 頁面的最下面，我看到了上圖這樣的字句。

在我按下「與我們分享你對這篇文章的意見」時，畫面會跳回網頁的最上方，然後在 Google 針對某個問題提供的答案段落旁，會浮動出現剛剛那字句前面的驚嘆號符號。如果你在閱讀答案時，覺得 Google 某段文字不清楚、你看不懂時，你就可以按下這個符號。

Google 會進一步問你：「這個部分有什麼問題？」接著會出現下面六個選項，想問問各位，你覺得這一段可以如何改善呢？這六個選項分別是：

1. 錯誤：與產品顯示的內容不符
2. 難以理解：解釋不清楚或翻譯錯誤
3. 缺少資訊：內容相關卻不詳盡
4. 無關：不符合標題和／或我的期望
5. 細微錯誤：格式錯誤、錯字和／或無效連結
6. 其他建議：改善內容的提案

我覺得這個頁面設計真是太棒了，使用者可以即時回饋他們在獲得回答後的感受，並直接提供給 Google，讓它可以針對這些建議來做修改。這樣一來，未來的使用者就能獲得更即時、更正確、更符合使用者需要的資料。

我心想，我們是不是也可以在日常生活中，把這種「對答案打分數」的精神應用在大腦 Boogle 上呢？這樣一來，流程就變成：

1. 你問 Boogle 問題
2. Boogle 給你答案
3. **新步驟：先暫停一下，評估 Boogle 給的答案好不好用？**
   （1）如果好用，就參考 Boogle 提供的答案做決策
   （2）如果不好用，就找出更多值得參考的答案做決策
4. 你最後的決策回饋給 Boogle
5. Boogle 學習你的偏好

先前提到，Boogle 大部分時候習慣只給一個答案。現在我們可以練習在「相信」這個答案之前，先替這個答案打分數，透過主動的回饋機制，主動讓你的 Boogle 有機會可以學習。

在每一次回饋「新資料」給大腦時，我們就在訓練大腦慢慢把這些更精確、更符合事實的資訊給儲存起來。一開始，你得花費不少時間「停下來」，才有辦法跑完這樣的回饋流程。但別急，你愈常做的事，大腦就會愈來愈熟練。

假以時日，在大腦提供你各種建議時，你就不會只有「大腦是對的，聽它的」這個選項可以選。雖然大腦、思考彷彿有自己的意志，但你可以成為大腦的「使用者」，主動選擇、反饋、修正，讓大腦愈來愈好用，而不會變成大腦的「傀儡」，只能全然照著大腦第一時間的建議去行動。

2-4 將你的想法分類

先讀讀下面這四句話：

A.「氣象預報說今天氣溫二十六度，晴朗無雲。」
B.「今天這種天氣真是熱死人。」
C.「考試考了五十四分。」
D.「這次考試考得很好。」

這四句話，按照不同的「性質」，其實可以分成兩類（一類各兩句）。你會怎麼分類呢？背後的依據是什麼？

第一種分法：

第一類	第二類

我把這四句話，分成這兩類的依據是：＿＿＿＿＿＿。

還沒結束哦！其實這四句話，還可以再用另一種分類方式，再另外分成兩類，試著想想另一種分類原則，把這四句話分成兩類。

第二種分法：

第一類	第二類

我把這四句話，分成這兩類的依據是：＿＿＿＿＿＿。

最後一次了，你做得到！這四句話還可以再用另一種依據被分成兩類。試試看！然後說明一下第三種分法時，你的依據是什麼。

第三種分法：

第一類	第二類

我把這四句話，分成這兩類的依據是：＿＿＿＿＿＿。

雖然看起來有點鑽牛角尖，但若我們能「細看」想法，並對不同想法的「屬性」有多一點了解，在轉念時會更容易。以下是我初步想到的三種分類方式，讀者可以一起來比對一下。前兩種分類方式，大多數人都回答得出來。

第一種分法：

第一類	第二類
描述天氣（A與B）	描述考試（C與D）

第二種分法：

第一類	第二類
好事（A與D）	壞事（B與C）

剩下的第三種分類，不知道你有沒有想出來呢？在工作坊裡，很多人在這裡卡關想不出來了。第三種分法是：

第一類	第二類
這句話是事實（A與C）	這句話是評論（B與D）

日常生活中，我們用得最頻繁的分類方式，通常是剛剛提到的第一類與第二類。第三種分類方式——辨別事實與評論——是多數時候我們比較少意識到的分類原則，但卻與我們是否能成功轉念息息相關。

「不帶評論的觀察是人類智力的最高形式」，這句出自印度哲學家克里希那穆提（Jiddu Krishnamurti）的名言，巧妙地呼應了我在這邊要談的「事實」（觀察）與「評論」。

在日常生活中，我們時常交叉使用事實與評論。「評論」的特色是，它源於個人主觀感受（也就是每個人腦中不同的 Boogle）產生的判斷或感覺。「主觀」也就表示每個人的感覺可能是不一樣的，而這些主觀感覺沒有對錯之分。而「事實」則是另一種更客觀、更具體描述實況的方式，不會因為描述者不同而改變的客觀觀察，且通常比較容易區辨是非對錯。

在網路上流傳著一張圖，上頭是這樣描述的，有一名信徒請教一位大師問道：「大師，什麼是快樂的祕訣？」大師說：「不與愚者爭論。」這位信徒思考之後回說：「說實話，大師，我不覺得這樣就能讓人快樂。」大師點點頭說：「你說的是對的。」

仔細觀察一下，許多人與人之間的爭論，很多時候都是聚焦在「主觀的感受」上，而主觀感受時常是「沒有對錯」的（吵這個其實真的是很沒必要，難怪大師這麼說）。而「客觀的事實」往往對錯很明顯（今天是晴天、是雨天，可以客觀檢視與判斷），因此也不需要與人爭執。

「小明，你怎麼每次報告都遲交，是不是無心工作啊？」好比在這句話裡，藏著不少「主觀」描述，你找得出來嗎？

「每次都」是主觀描述。在我們這樣說之前，可以先問問自己，真的是「每一次都這樣」嗎？如果用客觀角度來描述，「小明這一月裡，有三次報告遲交」會是比較符合「事實」的客觀描述。而「無心工作」也是這位說話者的主觀認定。或許，對小明來說，他已經盡自己的全力在付出了，但可能他先天腦子就是動得比別人慢。又或者因為這個月，他家寶寶剛出生等原因，使得他無法及時交出報告。他是真的無心工作，還是無力工作呢？

另一個例子。一張五十九分考卷。看到這張紙時，你想到什麼？（先複習一下，這一張考卷是一個「客觀的觀察」。）

想像一下大家熟悉的卡通哆啦A夢，裡頭的大雄拿到這張考卷，他可能會怎麼想？（提示：大雄過去考試幾乎都只考十分、二十分，拿零分更是家常便飯。）

對大雄來說，五十九分這個客觀事實，對於他的主觀意義可能是：「呀呼！我這次考得真好，回家爸媽看到一定會很開心！」

再想像另一位人物：小衫（在「小叮噹」的年代，他的名字是王聰明，顧名思義，就是個聰明的孩子）。他拿到一樣的五十九分考卷，他心中又會有哪些主觀想法呢？

「我考得真是太差勁了……（哽咽）」他可能會這樣覺得，然後感到十分慚愧。因為，過去的他在考試拿到的分數，不是一百就是九十。

從這一張五十九分考卷的例子中，我想點出一個重要概念是：**會帶給我們情緒的，往往都是「評論」**——更精確地說，是我們對客觀事實做出的「主觀評論」帶來情緒。

五十九分考卷是既定的事實，它已經發生了。在轉念時，「這一張考卷本身」並不是轉念的重點。因為我們再怎麼轉，五十九分就是五十九分，我們無法轉去哪裡。又或者，你的朋友和另一半分手了，這也是既定的事實，並非轉念的重點。在轉念時，我們真正應該要轉的，是我們「如何詮釋」這樣的客觀事實，我們能否找到更多種主觀詮釋的方式，陪伴朋友理解分手這件事實。

神學家尼布爾（Karl Paul Reinhold Niebuhr）的寧靜禱文，對我來說一直是非常好的提醒。他說：「請賜與我寧靜，好讓我能接受我無法改變的事情（**事實**）。請賜與我勇氣，好讓我能改變我能去改變的事情（**評論**）。請賜與我睿智，好讓我能區別以上這兩者的不同（**是事實還是評論**）。」

面對無法改變的事實，我們要勇敢面對。已經發生的事實，是我們無需、也不能改變的，這部分是我們要「接受」的現況。但如何去理解、詮釋、看待這個已經發生的事實，則是我們可以透過轉念來練習改變的。

許多人對轉念抱著一個大誤會是，轉念是要我們忽視眼前的事實，假裝它沒發生。例如假裝自己考的不是五十九分而是九十分、假裝另一半並沒有跟自己分手。事實上，在我的想法裡，這完全搞錯了轉念的重點。

日常生活中，當我們聽到他人給予我們「評論」時，我們很容易感受到情緒，好比「你表現得真好」、「你的表現糟透了」。換個角度來看，當今天給我們「評論」的人就是自己時，我們會有情緒不也是很合理嗎？

因此，在你只看到「評論」時，別忘了多問問「事實」是什麼？練習不帶評價地看見當下眼前的現實，這是轉念的基礎。

具體的做法是，可以試著用「記者」的角度來報導「發生了什麼事」。五個大方向是：人、事、時、地、物。

- 事：發生什麼事？
- 人：有誰？
- 時：在什麼時候？
- 地：發生在哪裡？
- 物：現場有什麼？

透過這種方法，盡可能客觀「還原」眼前的狀況。「客觀」資訊清楚之後，我們更有機會可以去觀察自己的「主觀」想法從何而來？主觀、客觀之間的關聯性是否有需要留意的地方？

在日常生活中，主觀、客觀不分，不一定會帶來什麼大問題。但在心理疾患的研究中，研究者發現**無法區辨客觀事實、主觀評論，把兩者混為一談，是許多心理疾病患者的思考裡很容易出現的狀況**。

以憂鬱症為例，患者內心時常會出現三無——無用、無望、無助——的感受（這些感受很大一部分是「憂鬱症狀」的一部分）。憂鬱發作時，個案心想「我真是個沒用的人」。想想看，這句話是事實還是評論呢？

顯然，這句話是個案對自己的「主觀評論」，但患者本人可能會將這句話當作「客觀事實」（這就是把兩者混為一談的意思）。在心理治療過程，心理師一部分的任務就是，帶著個案去發現這兩者的差異。

好比，我們會帶著個案先去找出「事實」，於是問：「我好奇發生了什麼事，讓你有這樣的想法或感覺呢？」個案回答：「我在公司的業績一直是最差的。」

聽到「一直」這個另一個「主觀」詞彙時，我們繼續試著帶個案用客觀的觀點來還原現實：真的是「一直」嗎？一年十二月，有幾個月是這樣呢？

慢慢地，隨著客觀資料浮現，我才發現，個案所待的公司，其實是他們那個產業業績競爭最激烈的公司。仔細比對後發現，在他們公司最差的業績，很可能是另一間公司業績的前三名。

這種無法區分主觀、客觀的思考，是許多心理疾患發作時常見的現象。我會和個案說，這種時刻，就是「你的大腦進入省電模式」了。在省電模式下，我們許多想法、思考都會過度被「簡化」。因此，時常無法呈現出事情真正的樣子。倘若我們完全採信，心情就勢必會受影響，甚至做出不明智的決策。

在正念認知療法中，有句個案要時常朗誦的名言是：「想法只是想法，想法不等於事實」。在這邊，我想繼續提醒讀者：「**評論只是評論，評論不等於事實**」。

轉念提案　嚴格來說……

先前，我們從台劇《台灣龍捲風》裡頭學到「敢按呢？」，提醒我們看事情時，別過於快速跳到結論，要記得思考不同的可能性。

在葉美琪的敢按呢之後，《台灣龍捲風》裡頭扮演林麗婷的范瑞君，在劇中的另一句口頭禪又變成了我們可以善用的工具，這句話是「嚴格來說」。

在諮商室中，我與個案使用這句話的情境是：「嚴格來說，這句話是『事實』，還是一種『評論』？」

下回，在你很有情緒時，不妨問問自己，此刻你的所思所想，嚴格來說到底真的是「事實」，還是一種你內心的主觀呢？你有沒有不小心把「評論」當作「事實」了呢？

2-5 把心情寫出來，讓思考更客觀

在高行健的《靈山》這本長篇小說裡，作者採用了一種特別的書寫方式，在敘事時，他分別以第一人稱、第二人稱和第三人稱交互出現的方式來書寫。澳門大學的金樹人教授以此為靈感，設計了一種情緒療癒的工具，稱為「心理位移書寫法」。

在諮商工作中，我常會分享這種書寫方式給個案，並當作個案回家的小作業，如果讀者平時有書寫日記、心情札記的習慣，不妨可以結合這樣的位移書寫，來感受一下不同書寫角度帶來的療癒效果。

心理位移書寫法的大致做法是，針對生活中發生的同一件事件，分別以第一人稱（我）、第二人稱（你）和第三人稱（他）這三種角度來書寫。

以「敘事」作為心理治療方法的心理學家拉里・柯奇蘭（Larry Cochran）認為，

為了要說明自己體會到的經驗，我們在成為一位「敘說者」的同時，其實也在練習成為一位「旁觀者」。書寫把我們帶到了一個「旁觀」的位置，可以協助我們與當時經驗拉出一個距離，從當時的「行動者、參與者」變成「觀察者」。

研究發現，從不同角度來重新描述同一段經驗，能提升我們覺察情緒經驗，更可能幫助我們轉換負向情緒，進而提升心理適應性。但具體來說，該怎麼做呢？不妨參考下述步驟：

1. **挑選事件**：挑選一件這陣子讓你有點困擾、覺得有壓力或負面感受的事件。書寫的內容沒有任何限制，任何曾引發你負面情緒的人、事、物，都可以書寫。第一步是先具體描述事件的起因、經過、結果。

事件：上班被老闆罵

2. 「**我**」**書寫**：像是寫日記一樣，按照一般書寫的習慣，以「我」為出發點，描述一下你剛才挑選的事件，它帶給你哪些想法、感受和體會等（建議每段書寫字數至少約兩百字左右，比較容易感受到這三種書寫的差異）。

我書寫：今天上班，我被老闆罵了，我好生氣，快氣死了！莫名其妙。

3.「**你**」**書寫**：接著，針對同一件事情再進行一次描述，但這次用「你」為主詞來寫寫看。

你書寫：你今天上班的時候被老闆罵了，你的感覺是很生氣、莫名其妙的。

4.「**他**」**書寫**：最後一次，再次針對同事件進行描述，只是這次要用像是寫小說一樣，好像在寫一位你不認識的主角的故事，要以「他」為主詞。因為讀者並不知道這個主角發生了什麼事，所以一些心路歷程、起承轉合都要稍微交代。

他書寫：二月十三日，陳先生因為工作表現不如老闆期待，被老闆念了（是這個月的第三次），他因此感到生氣，覺得莫名其妙。

研究發現，三次書寫帶來的感覺與效果是不一樣的。第一人稱的「我書寫」，容易讓我們回想起事發當時經過；如果當時有情緒的話，也很可能會再次想起。不過，當我們換到第二人稱的「你書寫」時，感覺身邊好像多了一個人。我們把事情說給他聽之後，他替我們整理，並且確認了一遍我們當時的感受是不是真的就是這樣。

最有趣的則是第三人稱的「他書寫」了。你好像成為一位導演、編劇或小說家，為了讓「讀者」理解事情的來龍去脈，你發現自己不能「只」提供一些自己的內心戲，你必須提供一些客觀的訊息，讓這段書寫變得比較合理。在「他書寫」時，你已經悄悄地「換位思考」，站在一個全知者的角度，來述說同樣的事情。許多人發現，自己進行到第三人稱書寫時，原本當時強烈的情緒，很可能變得平緩下來。或者，有人會開始懷疑自己當初感受到的情緒，有沒有必要這麼強烈等等。

延續上一節討論的「主、客觀」，我發現人稱位移書寫練習是個很棒的工具可以陪著我們練習「客觀一點」，找到更多導演、小說家才看得到的角度。

在某些「厚操煩」（kāu-tshau-huân；台語，指容易胡思亂想）的個案身上，我常看見他們履行曾子的格言「吾日三省吾身」。同一件事情，他們會不小心想一遍、再想一遍、繼續想一遍……只是很奇怪，這種重複想的動作，卻很難幫助他們成功轉念，找到新視角。

這時，人稱位移書寫法就很有用了。在進行這項練習時，我們依舊在「三省」。只是，這三省不是把同一件事拿出來用同樣的方式反省三次；而是透過「我、你、他」三種不同角度，重新檢視原本很讓你困擾的事，並找到一些自己本來沒有發現的觀點。

儘管不是所有的「我書寫」內容都是主觀、「他書寫」的內容都是客觀的。心理位移書寫的過程，還是可以帶著我們慢慢意識到主觀、客觀的角度，是如何影響到我們的心理狀態，並找到更多觀看事情的角度。下次，心情不好時，不妨試試看這個方法吧！

2-6 大腦直覺給的答案通常是錯的

前面提過的 Google 和 Boogle，還有另一個相似之處：你愈常點選的連結，未來愈可能優先出現在搜尋結果上。

假設每天起床後，你都習慣用手機上網看一下今天的天氣，於是，你到 Google 搜尋了「天氣」，Google 提供十幾個整理天氣的網站給你。第一個是中央氣象局、第二個是 YAHOO 新聞、第三個是蘋果新聞……

一開始，你看了中央氣象局網站的資料，但發現裡頭給的資料太多了，你要花很多時間才能找到你要的資訊。於是，你又回到搜尋結果，看看 YAHOO 整理得怎麼樣。結果發現，YAHOO 整理的氣象資訊精簡許多，對你來說已經夠用了。

隔天起床，你又再次搜尋了「天氣」。這時，搜尋結果依序還是中央氣象局、

YAHOO 新聞、蘋果新聞……但，連續幾天下來，你優先選擇 YAHOO 新聞的行為，會被 Google 慢慢記得。一陣子過後，在你搜尋天氣時，Google 就會優先提供你「YAHOO 新聞」這個選擇。

我們的大腦 Boogle 也會進行類似的「學習」：你愈常選擇相信的念頭，未來再遇到類似事件時，愈可能優先出現在你的腦海中。

對大腦而言，快速產生的想法（建議）通常被形容為一種「直覺」（或者更神祕的第六感）。不少研究都發現，直覺在某些時候確實是很有用的，特別是遇到危險的時候。背後原因是因為，大腦這個器官最擅長的任務，就是讓個體「存活」。但不幸的是，其實人類現在每天面對的各種決策情境，未必都是攸關於「危險」的，這也讓大腦的直覺反應、第一個想法，時常未必是最合適的；但我們往往會認為直覺是很有說服力的。

來舉一個大腦 Boogle 的例子來比喻。當你開始請大腦搜尋「主管」時，Boogle 可能給你這樣的結果：

- 第一個結果：討厭鬼
- 第二個結果：他很冷漠

• 第三個結果：主管是有能力的人

若你平常遇到主管時，愈常「想到」、「相信」第一個結果（討厭鬼）的話，未來你在看到主管時，大腦就會快速地提供你這個建議，而不是其他的建議（好比，有能力）。

你愈常點選的網站，未來愈可能會出現在搜尋排名的前面。你愈常想起的念頭，未來則愈可能會更常出現在腦海。

同時，那些我們愈常想到、想起的想法，也會因為我們每一次想起，而補充更多資料進去，進而影響到記憶儲存，讓你未來愈容易看見那個選項。

以憂鬱患者來舉例，當患者每次搜尋「我是一個怎樣的人」時，大腦可能出現的結果是：

• 第一個結果：沒用的人
• 第二個結果：憂鬱症患者
• 第三個結果：未來沒有希望的人

當這個人每次都選擇「相信」前幾個大腦想到的念頭時，我們延伸想到的更多資訊，都會強化未來這幾個念頭被看見、被相信的機會。於是，這個人想到自己已經失業一個月了，「嗯，果然，我是沒用的人」。他看到了家人傳來的訊息，提醒他要多休息，「嗯，我就是一個生病的人，我有憂鬱症」。他看到求職網站發來的求職婉拒信函，「嗯，我的未來真的沒希望了」。

當我們相信某些想法時，我們的大腦會更容易去「看到」符合這些想法的訊息。當我們只習慣去看前幾個大腦搜尋出來的想法時，很可能就看不到更後面的想法了，好比：

- 第十個結果：不憂鬱時，我是一個有能力的人
- 第十一個結果：不憂鬱時，我可以把很多事情都做得到位
- 第十二個結果：前年憂鬱發作時，我恢復得很快

說到底，這其實也是一種大腦的省電模式。若想突破大腦的這種「壞習慣」，有一個值得練習的方法是：**養成習慣，思考事情時，把每個建議都點進去看看。練習把各種可能性「同時」「看在眼裡」**。

於是，你「同時」知道主管是討厭鬼、相處上冷漠，但你也「同時」知道他確實是個有能力的人，也聽說他對家人非常好，是一個模範爸爸。你知道自己是個憂鬱症患者，「同時」也知道自己在不憂鬱時，自己還是一個有能力的人。

當我們「同時」看見這些訊息時，我們通常比較不會陷入「絕對」的思考模式。當然，說實話，要養成這種習慣並不容易，需要一直不斷地練習，更多時候還需要一位助人者陪伴你養成這種思考模式。

除了先前提到，你可以常常問自己「敢按呢——還有其他可能嗎？」，你也可以在思考時，試著「換位思考」，有時候會發現其他觀點。

遇到法律問題時，除了上網找資料之外，更多人可能會選擇花一筆錢，去找法律專家也就是「律師」做諮詢。背後原因在於，律師的大腦中，有許多關於法律的知識是我們所沒有的。而他們擁有的某些知識，卻是我們現在所需要的。

當你遇上轉念的瓶頸時，可能不是因為「你不認真」，而是因為我們腦中缺乏成功轉念的關鍵資訊。這也是為什麼許多人在遇上「人」的煩惱時，會來找心理師討論的原因。

如果你想在日常生活中開始練習轉念，也未必要立刻找心理師（當然，如果你此刻面對的議題，是自己難以消化或面對的，隨時歡迎你）。我們可以從身邊的「盟友」開始，試著借用他們的大腦，陪自己練習轉念。

以下的「轉念提案」，將介紹幾個值得一試的方法，在你遇到一件深感困擾的事情時，不妨利用這些方式，先「自己陪自己」腦力激盪一下，找出更多看待這件事情的新角度。然後，沉澱一下，不急著做出任何決定，給自己多一點時間。

轉念提案

1. 拉遠時間法

如果這件煩惱還不那麼急著處理，不妨把它稍微放著一陣子。之後再拿出來看一看。你一開始看到這件事情時所想的方向，有哪些是你隔了幾個月之後看到，還覺得有幫助的嗎？事隔一陣子，你有找到更多看待此事的新角度嗎？

另一種拉遠時間的方法，是想像五年後，這件事情早就落幕了。如果有時光機，「五年後的你」來到此刻你的面前。你覺得「他」會對你說些什麼？五年之後，這件事情會有什麼發展？是持續嚴重地影響著你，又或者早就成為過眼雲煙，讓五年後的你可以一笑置之呢？

2. Call Out 法

幫我想起你身邊思考縝密、很「中肯」的三個親友。利用這次機會，把他們的電話、聯絡方式找出來。之後遇到煩惱時，把事情原委盡可能清楚地說給他們聽。然後，仔細聽聽他們的分析，有哪些和你想的一樣？有哪些朋友分析的結果，是你沒想過的？往這多想想，會不會有幫助？

3. 隔空想像法

你有偶像，或者內心深深景仰的人嗎？這些人之所以會被你欣賞，很可能是因為他們身上有些特質，是你期待自己擁有的，或是你正在努力的方向。

以我為例，我很景仰陳建仁前副總統，欣賞他的知識淵博、待人溫和客氣，還記得二〇二〇年五月，他在卸任副總統時，自願放棄《卸任總統副總統禮遇條例》的禮遇，決定回到中央研究院基因體研究中心，擔任特聘研究員，重拾他熱愛的研究工作。

想像有一天，你有機會能與你心中景仰的人見上一面，也許是一頓飯、一杯咖啡的時間。你開口向他訴說你最近的煩惱，並想聽聽他的想法。試著想像一下，依據你對這個人的認識，他會如何理解你的煩惱，他可能會提供什麼觀點給你呢？

4. 換個位子，換個腦袋

除了你認識的人之外，若願意的話，你也可以「借用」與我們毫不相關的人，想像從他們的大腦出發，來重新檢視自己遇到的困擾與難題。

也許，是電視新聞中出現的某個知名藝人，他會怎麼想這件事？你最喜歡的那部日劇、韓劇裡頭的主角，會跟你說些什麼？剛剛在路上與你擦身而過的老奶奶，會怎麼想這件事？每天買早餐時，在 7-11 幫你結帳的店員呢？總是搭著那班公車去上班，如果你就是那位司機，你覺得他看到的世界、思考的觀點，有哪些是你從未想過的嗎？

5. 借用動物的眼睛看世界

養過寵物的人大概都會同意，飼養寵物的過程，寵物其實教會了我們許多事情。試想像一下，你像杜立德醫生一樣，能夠與寵物交談。在你和你家狗狗訴說心事之後，狗狗會給你什麼建議呢？那隻路邊可愛的浪浪小橘，在聽聞你的煩惱後，會跟你說什麼？（我猜貓會說：「管他去死！」）

如果你還有點時間，要不要去動物園走一走。在動物園，你可以跟很多不同個性、不同習性的動物相處，好好藉此問問牠們：「嗨嗨，這是我的煩惱，你們陪我想想看好不好？」

2-7 開啟大腦的「無痕模式」

如前文所說，Google 這類搜尋引擎會透過「個人化搜尋」（personalized search）模式，透過學習使用者的行為，主動判斷你在搜尋過程中傾向於想要哪些資料。根據網站說法，Google 會保留你過去的搜尋、點選紀錄大概九到十八個月當作參考資料。

舉個簡單的類比，假設你每次在搜尋餐廳時，幾乎都是挑價格在「$$」的餐廳（Google 地圖中，會依照餐廳價格高、中、低，分別以$$$、$$、$來呈現）；未來，搜尋引擎就會優先推薦$$的餐廳給你。

也就是說，你每一次的選擇，其實都是在訓練與教育「搜尋引擎」，好讓它下次能夠優先提供「你更可能想要看到」的資料。

很貼心吧！根據你過去的使用習慣，幫你先整理好你最需要的資料，放在最前面。同時，Google 也把你「應該不需要」的資料都排除，或者，乾脆盡量往後放，希望能提升你搜尋資料的速度。

不過，這看似貼心的功能其實也藏著不少隱憂。比方說，要訓練搜尋引擎「懂你」、「學你」，你就得透露更多自己的個資。同時，Google 根據它對你的了解，幫你「往後排」的那些（看似不重要的）資料，真的對你不重要嗎？你過去沒點過的網站，會不會其實也可能對你來說是重要的呢？這部分的判斷，真的能完全交給 Google 嗎？

此外，搜尋引擎背後在進行深度學習時，有時候會把一些「不該學的」都學起來了，好比：性別歧視。亞馬遜（Amazon）公司曾使用人工智慧來篩選「履歷表」，好替公司找到理想的員工。因為要看的履歷真的太多了，訓練機器人來初步篩選，應該是個好策略才是。

於是，亞馬遜開始以過往錄取者的履歷、職位、應徵資料等等，把過去十年累積約五萬筆關鍵字丟給機器人學習，好讓它能摸索出一套快速找出潛在合適錄取人選的優先序。但 Amazon 沒發現，過去的履歷表中多數求職者是男性，因此機器人也「學習」到了這樣的偏誤，把女性的履歷表往後排序。

和 Google 一樣貼心，我們的大腦也不斷在進行類似的客製化與深度學習。從小開始的每一次生活經驗、每一次選擇與選擇的後果，都逐步累積成一個大腦資料庫。

於是，在看到「數學考卷」時，你直覺往「我不擅長」的方向去思考，而沒發現這種「不擅長」的感覺，是大腦根據過往經驗而「建議」你應該有的感受。

要記得，大腦無法很細膩處理「每次其實有一點不一樣」的情境。舉例來說：數學考試不會每次都一樣，有時簡單、有時難，並不會每次都一樣。但大腦在快速給予我們建議時，很容易忽視不同情境裡頭的獨特性。

Google 這種貼心功能，會讓搜尋結果的呈現時常包含著誤差。但其實也有破解之道，就是到 Google 的後台設定，選擇「關閉」個人化搜尋。或者，使用者可以開啟「無痕模式」，讓搜尋引擎在「一張白紙」的狀態下，從零開始進行搜尋。讓你每次找到的內容，都比較不會受到過去的資訊與偏好而被影響。

我們在使用大腦思考時，也可以借鏡這種方法。在每次想事情、思考煩惱時，打開「無痕模式」。不妨透過下面這幾個問句，陪自己打開無痕模式：

- **在「第一次」遇到這種狀況時，我當時的想法是什麼？為什麼會那樣想？**

- 如果是另一個人，他第一次遇到這種狀況，可能會怎麼想？
- 現在大腦告訴我的建議或想法，主要是源自於「過去的我」這份參考資料而做出的推薦。假如大腦不知道我的過往，當面對這種情境，它最可能做出怎樣的反應呢？

2-8 愈認真想，愈想不到

很久很久以前，有位國王請金匠用「純金」打造了一頂王冠。但做好之後，國王懷疑金匠不老實，可能在裡頭用「銀」來代替純金。可是，當時國王苦無鑑定的方法，也不想把王冠毀壞來檢查。於是，他找了一個叫做阿基米德的科學家，幫他想方法。

阿基米德接獲任務後苦思許久仍無良方，像是一個轉念轉不出來的人，連續幾天他都吃不下，也睡不好。

直到某天，他稍微放下了這個問題，跑去洗澡。在泡澡時，他觀察到自己坐進浴缸時，會讓水跟著滿溢出來。這才提醒了他，可以用體積、密度的方式，來檢測王冠是否都是純金。

真是太開心了，洗到一半的阿基米德，發現了解方，情不自禁從浴缸跳出來，顧不得自己沒穿衣服就往外跑了出去，還一邊大喊「尤里卡！」（Eureka!），意指希臘語的「我發現了！」。

這個物理史上有名的故事，其實也能提供我們一些心理學上的意涵。心理學家發現，當我們「過度執著於」解決問題而不停想破頭時，通常會有反效果。也就是說，一個人想得愈用力，反而很可能更想不出辦法。這種「用力苦思」的狀態，如果再嚴重、再失控一點，就可能演變為臨床上一種稱為「反芻」（rumination）的思考狀態，一種我們能在不少憂鬱、焦慮患者身上看到的思考風格。

相反地，另一群研究「無聊」這種情緒狀態的科學家發現：很多時候，無聊、放空——這種被許多人視為沒有生產力——的狀態，反而是我們最可能浮現新想法、找到靈感的時刻。

因此，當你苦於無法轉念時，不妨溫柔地提醒自己：暫時先把這個煩惱放在一旁吧！試著讓自己無所事事，不那麼執著於急著解決問題。這個時候，去散散步、洗個澡、泡個湯，乃至看場電影，都會比一直瘋狂想著煩惱，更可能有幫助（事實上，這本書在撰寫時，有許多靈感也都是在我洗澡時迸現的。曾有一陣子，我閉關寫作的地方就在浴室）。

研究指出，處在急忙苦思的狀態，反而帶來不少焦慮。而焦慮會「窄化」我們的思考範圍，讓我們更「專注」於問題本身（很多時候，是「過度專注」）。雖然這種狀態可以幫助我們開啟「批判思考模式」，但在需要更多觀點、更多靈感時，批判思考反而讓我們無法跳脫問題，找到新的可能性。

相反地，若我們處在比較放鬆、正向或中性的情緒時，大腦裡頭一種稱為「預設神經模式」（Default Mode Network, DMN）則會默默開啟。這種比較漫無目的的大腦狀態，反而更可能允許不同點子之間有機會連結，讓人發現更多新的觀點。

表面上，無所事事的人好像沒有在「想事情」，但大腦其實仍在無意識中，繼續用另一種方式「思考你的煩惱」。就好像擦鞋小精靈一樣，在你起床之後的某個瞬間，你也許會發現：「啊！我找到另一種想法了！」

轉念提案 在不同地方待一陣子看看

我們可以在「心理」層面，稍微離開你本來的煩惱。好比，你可以躲進電影、小說的世界，這是一種做法。或者，你也可以在「物理」層面，具體離開你的煩惱來源（好比：家裡、床上、辦公室等讓你煩惱維持的所在）。

也許是在咖啡廳坐一會兒，你的耳朵充滿了路人的交談聲、咖啡廳的背景音樂、店員正在磨豆子的聲音……這些背景聲，其實對於轉念、找靈感有著不少好處呢！專家認為，這種輕微、低度的環境音，可以幫助人類進行抽象思考，進而促使我們想到更多創意靈感。

除了背景音之外，我們先前提過的「換位思考」練習，在咖啡廳也很適合進行。你看著隔壁桌這位西裝筆挺的上班族，除了想像他會如何看待你的煩惱之外，你更可以去猜一猜，這個人過著怎樣的人生，假設他和你遇到了一樣的問題，他可能會怎麼做？

想要轉念，就得練習跳脫自己日常生活的框架。下次心煩意亂時，記得出門走走吧！

PART 3

轉念，就是轉動聚光燈焦點

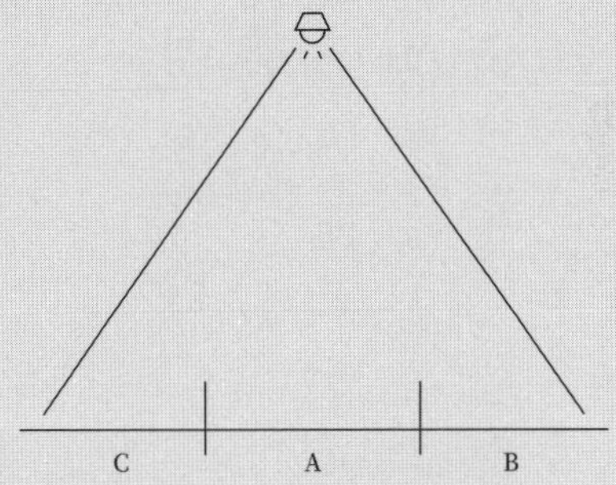

3-1 轉念到底怎麼「轉」？

在介紹了大腦的思考特色以及「念」的本質之後，緊接著終於可以來討論轉念的「轉」具體來說該怎麼做了。在開始之前，我想先從一個小遊戲開始。

在心理師使用的評估工具中，有一類稱為「投射性測驗」，我們會提供個案一些模糊的訊息，邀請個案自由、開放地從中整理自己的想法，作為一種探索個案內心世界的方法。接下來要玩的小遊戲，跟這有點關係。請放下邏輯和理性，試著體驗看看。

在下一頁，你會看到六張撲克牌，有著不同花色與字符。請你簡單瀏覽一下這些卡片。然後，依據你的直覺，挑選一張「最能夠呈現出你此刻感覺的卡片」。你的挑選不需要符合任何特定的邏輯或規則，盡可能依據你的感覺來挑一張卡片就好。

挑選完畢之後，請將你剛剛挑選的卡片牢牢記在心中，閉上眼睛，並在心中默念三次你剛剛選擇的卡片。然後，再翻到下一頁。

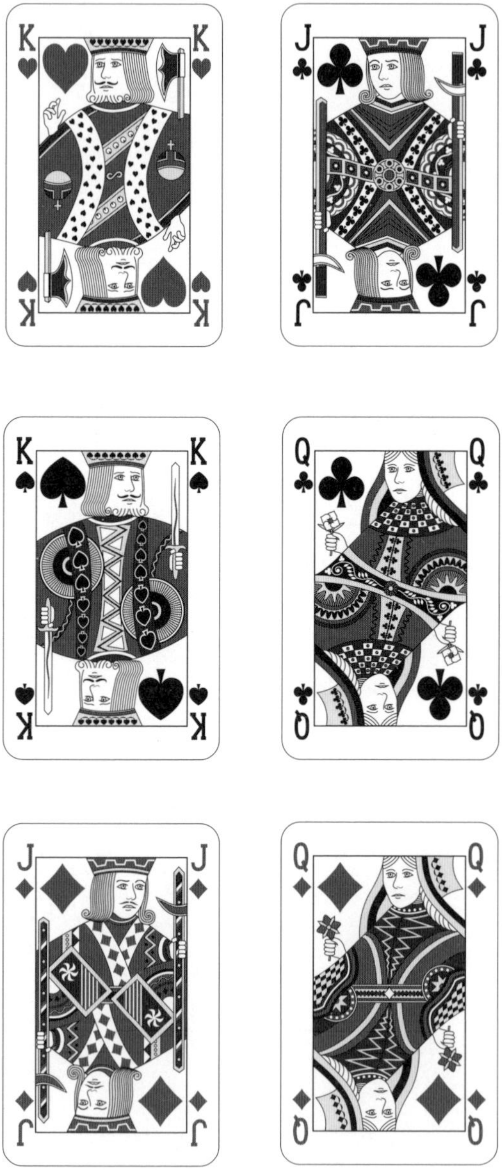

讓我來感覺一下你剛剛挑的是哪張卡片……好，我大概有想法了！

現在，請你翻開下一頁，你會看到六張卡片只剩下五張了。因為我已經把你剛剛心中挑選的那張卡片抽走了！請檢查一下我有沒有猜中你剛剛挑選的撲克牌呢？

Q
Q

K
K

J
J

Q
Q

K
K

請檢查一下，你剛剛挑選的撲克牌，是不是已經被我抽走了？然後，請翻到下一頁吧。

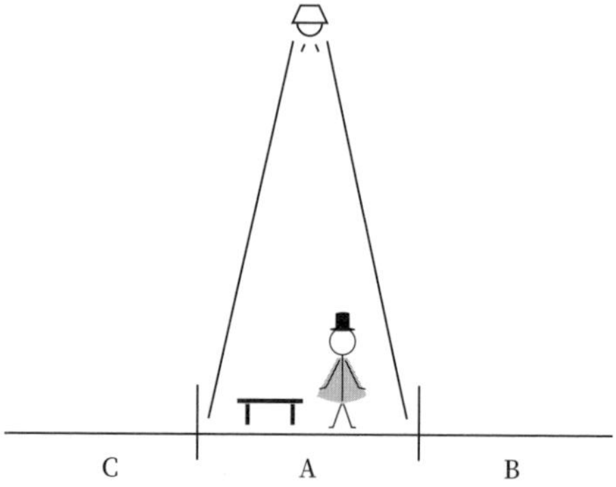

歡迎回來！

沒關係，我知道此刻你在想什麼。接下來就讓我來揭祕這個魔術是怎麼完成的。

在魔術師的表演過程中，有個重要的環節，正是魔術師舞台上的那盞**聚光燈**（spot light）。透過這盞燈，魔術師掌握了一項有利的工具，得以操控觀眾的「**注意力**」。在看過一些魔術破解的資料之後，我發現，這個心理學家也很熟悉的「注意力」，其實也是魔術師的專長。觀眾會因為聚光燈的引導，無意間把注意力放在魔術師希望我們關注的地方。這也表示，很多時候魔術機關或詭計，其實是被放在「燈光沒有照到之處」。也許是後面黑色的背景、地板，或者其他觀眾「沒特別注意」的地方。

以上圖為例，上方那盞燈就是魔術師的「聚光燈」，照著A處。研究專注力的心理學家發現，我們的專注力是很有限的。在我們把注意力聚焦於A處時，就無法「同時」處理到B處、C處的資訊。

在剛剛的魔術裡，因為我請讀者把注意力放在「特定的一張卡片」上，還希望你把這張卡片記起來，因此，當時你的注意力便會「完全」放在那張卡片上面。這也「同時」表示，你無法關注剩下五張沒被選到的撲克牌（一方面也是因為要同時記得六張卡片確實有難度）。

所以，當你翻到後面，驚覺你剛剛挑的撲克牌真的不見時，你可能短時間內不會留意到，其實後面的五張卡片和前面出現的六張撲克牌完全不一樣，這個事實。

這個現象在心理學中稱為「不注意視盲」（inattentive blindness）。「視盲」類似台語所說的青瞑（ts'ē-meˊ／ts'ĩ-miˊ），而我們沒有發現、沒有看到B處與C處，正是因為「不注意」所導致。更精確地說，其實B、C兩處就算有存在東西，對我們的大腦來說，也是「看不到的」。

在某次洗澡的時候，我突然發現，魔術師在做的事，其實也可以稱為「轉念」。那盞聚光燈，和這本書要談的轉念有很大的關聯。

我們可以把此處的「聚光燈」比喻為你的大腦正在煩惱的事情，而A是其中一種觀點，B、C各代表其他不同的觀點。許多人認為，轉念就是要把「A觀點」轉成「B觀點」。但我認為，**真正的轉念，要「轉」的並非「念頭」本身（從A轉成**

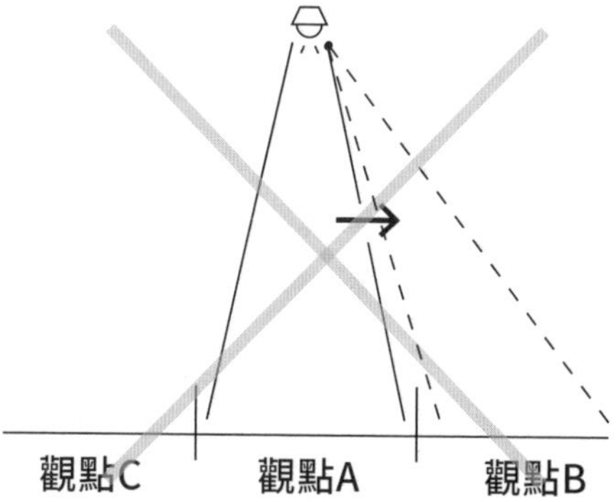

B），**而是舞台上的那一盞聚光燈，才是真正的轉念重點**。

許多人認為，轉念就是要「看見事情好的一面」，但我覺得，這種建議可能並不合適（也時常難以達到）。轉念真正的含義比較像是，**轉動你的關注焦點，看見其他的可能性**。換句話說，轉動你的關注焦點，讓你「同時」意識到一件事情原來有A、B、C這麼多種看法。轉念並不是要你「不看壞的地方」、「假裝事情負面的一面不存在」、「只看好的地方」，轉念的終極目標是要你「全部都看到」。

以下頁圖為例，假設A是一件事情當中比較不好的一面、C是這件事中值得記取教訓的一面、B是同一件事中值得感謝的一面。轉念的意思，不是要你「只能」看到B這個面向、強迫你忽視A；而是想提醒你，在你理解這件事情時，這三種向度是同時存在的，也「可以」允許它們同時存在。

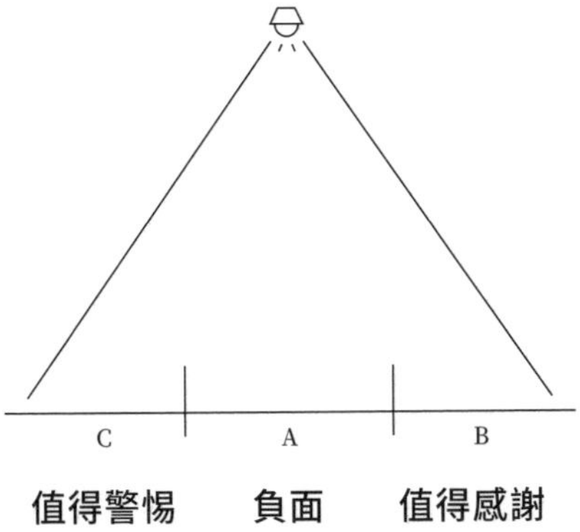

我們可以練習同時讓這些不同的面向並存，並留意自己的聚光燈，在不同時間點，特別關注哪些面向的資料。

3-2 留意自己的「預設立場」

看魔術時，背後透過聚光燈引導觀眾的人是魔術師。但回到日常生活中，那一位操控著我們腦中生活聚光燈的人，其實就是自己。只是我們往往對此不自覺。

這個聚光燈的比喻，可以應用到生活中非常多層面。好比俗話說「情人眼裡出西施」，試著思考一下：熱戀期時，你喜歡的人身上有沒有缺點呢？

在熱戀期，當事人的大腦會不自覺地把聚光燈焦點對準「對方身上所有美好的特質」。放眼所望，盡是對方的優點、溫柔、才華、出眾的外表。以聚光燈來比喻，這個人不自覺地把燈光焦點都放在對方身上「西施」的一面（A），而忽視了對方其實也有缺點（C），也有一些與你個性不合之處（B），見下頁圖。

當然，時間久了，聚光燈難免會不小心「轉動」，你這才慢慢發現，原來對方

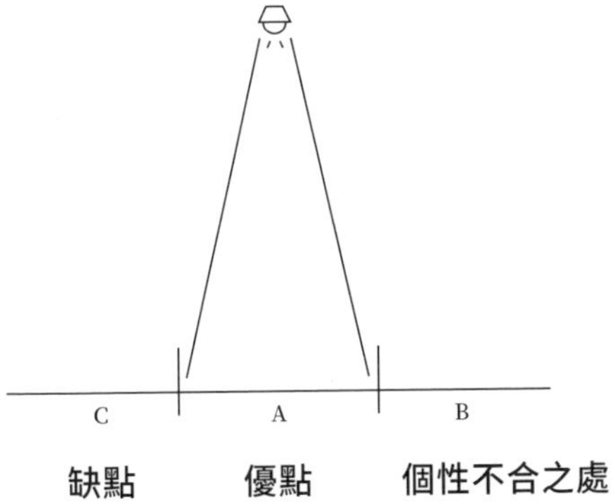

也有缺點（當然，在對方眼中，我們的缺點也會隨時間慢慢跑出來）。

工作時，難免遇上幾個自己不喜歡的同事或客戶。不知道你有沒有一種經驗是：當你真心要討厭一個人的時候，他做什麼都非常討人厭！從他穿的衣服開始、到她畫的妝、他現在在喝的飲料等……背後的原因與這盞聚光燈有很大的關係。

當我們處在特定的預設立場（你這個討厭鬼）時，大腦會下意識地把關注焦點都放在對方身上所有討人厭的地方。可怕的是，我們對這樣的心理運作很多時候是沒有意識的。

那到底，這個人他有沒有優點、有沒有讓人喜愛之處呢？在與眾多個案工作，聽過許多人的故事後，我相信一定是有的。但為什麼我們看不到呢？或者更精確地說，為什麼沒有發現呢？背後關鍵正是那「注意力」所造成的。

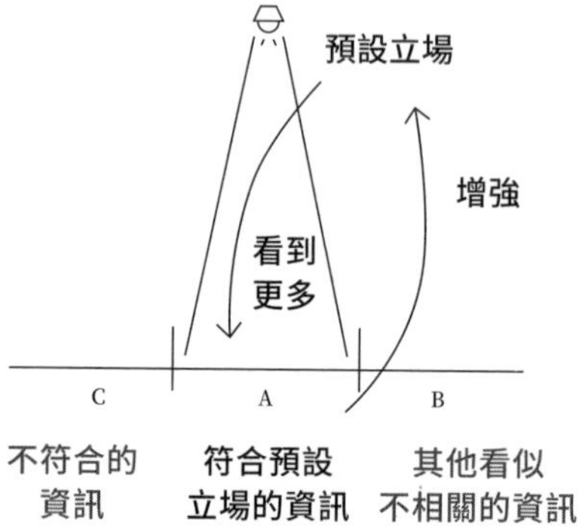

因此轉念的焦點，就是掌握這一盞聚光燈。要調整它，你就得意識到自己在做任何事情時，背後抱持的預設立場。

出門時，你帶著「今天一定會很糟」的預設立場，當你抱著這種心態時，聚光燈就會不知不覺調整成「帶衰」模式，讓你一直發現很多不好的現象。整天下來，從陰暗的天氣、塞車到主管的臉……你所接收到的訊息，幾乎都會是負面的。

事情還沒結束。在你看到這麼多糟糕的資訊後，另一件更可怕的事會自己啟動：這些你看到的「負面消息」，會被當作一種「證據」，回過頭來強化、支持、證明你本來（負面）的預設立場。

看到陰暗的天氣、主管生氣的臉……你會開始更「相信」今天真的是糟透了。然後，循環再次運作，負面的預設立場、心態或信念又會強化你的聚光燈，讓你連午餐便當裡頭有三色豆，都可以成為

「今天真是世界末日」的證明。

讓情況再糟糕一點的消息是：研究人類大腦的科學家發現，大腦的特性是「好事不沾鍋、壞事魔鬼氈」。在一般情況下，人腦中聚光燈的預設值，其實是對負面訊息比較容易關注的。大腦的天性，就是設定成用來刻意找到任何生活中的危險、失望、不如意，這些比較負面的訊息。

但先別急著氣餒。讓我們先來思考，這種稱為「負向偏誤」（negativity bias），老天爺刻意安排在人腦中的心理機制，到底有什麼好處。

對大腦來說，預設留意「負面資訊」，可以讓生物體提前做好準備，及早避開危險。假設人類的大腦被設定為「正向偏誤」，我們特別容易留意的都是好事的話，在真正發生危險的時刻，這個人大概就掰掰了。

比方說，在面對「眼前的美食」和「地震快逃啊」這個二選一難題時，大腦負面偏誤的習性，會讓我們優先「逃走（求生）」，先放棄「美食（趨樂）」。背後有著這樣的生存意涵[3]。

在培養轉念的能力之前，對這種「負向偏誤」多一點了解，你就會知道，很多時候轉念並不容易，背後原來是有一些大腦演化上的特質所造成的。

轉念提案 為什麼勸人「放下」其實沒用？

「放下」這兩個字一直榮登「安慰別人話語」中的排行榜前幾名。如果在這邊沿用聚光燈的比喻，放下的意思或許可以解讀為「放下操控聚光燈」，讓一切隨緣、隨遇而安。

替代的安慰話語還包含：「事情會有自己的進展」、「生命會自己找到它的出路」等。不知道讀者有沒有發現，其實這類安慰他人的話語，其實都在強調「放下操控聚光燈」的概念。

乍聽之下，這似乎是個好建議。不過，如果把我剛剛提到的「負面偏誤」概念應用在這裡，你會發現，就算我們不想去操控聚光燈，我們大腦的本能還是會讓聚光燈不知不覺往「負面的資訊」看過去。

這也表示，即便我們努力地「什麼都不做」、「什麼都不去想」，期待心事可以慢慢消化，很可能還是會被大腦天生的負面偏誤給攪局。

因此我認為，與其鼓勵一個難過的人「不要想這麼多」（然後大腦自己飄去很負面的思緒），倒不如陪伴這個人「把事情想得完整一點」、「想想主觀的感覺，也同時想想客觀的事實」。

簡言之，就是對「想」這件事情，培養多一點技巧與能力，甚至能夠「想想自己的『思考』」，會是更有幫助的做法。

3 關於這部分的說明，歡迎參考拙作《練習不快樂？！：不快樂是一種本能，快樂是一種選擇》，時報，二〇一九年。

3-3 當貓咪出現在聚光燈裡

本書一開始提到了一個「午夜吼叫大叔」與「賓士貓」的小故事。我想透過這個故事，用來作為「聚光燈」這個概念的小複習。為何賓士貓出現之後，我就這樣轉念了？背後到底發生了什麼事？

在你心煩意亂時，你多少會發現，那些讓你煩躁的事，想來想去，怎麼想就是那些。就算有時你想到了「新的事情」，但那些東西也往往只是讓你「更煩」。心煩意亂時，通常是因為我們被困在「已知的侷限想法」中，轉不出來。

這也是為什麼**在你心情不好時，最不該做的事情就是把自己關在房間**。你應該要反其道而行：走出房門、打開手機，快點去找家人或朋友聊聊、聚聚。

為什麼？因為要從「已知的侷限想法」中跳出來，你需要的是「新的」、「未

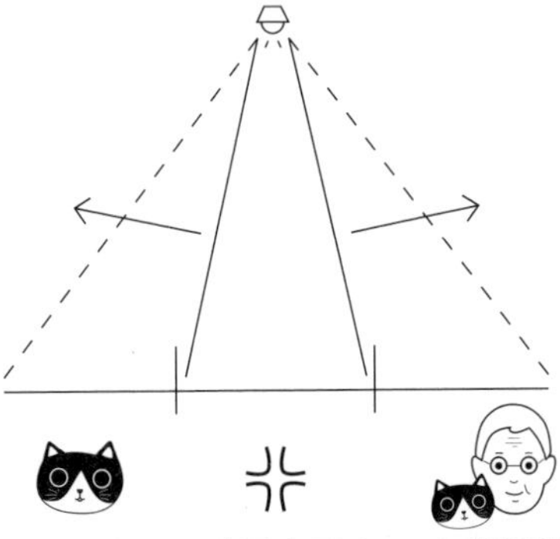

知的」東西。而你的親友，作為一個旁觀者，很多時候真的可以提供我們「新東西」。只要你願意開口說，也願意聽對方怎麼想，一定可以聽到「新東西」。而這「新東西」，往往就是轉念的起點。

以我為例，本來聚光燈焦點都放在「大叔」身上，讓我愈想愈氣的狀況。因為室友的一句話，讓我腦內的舞台出現了「新」東西：一隻可愛的賓士貓。本來一直聚焦在大叔的無理、沒品、沒水準時，我主要的感受是負面的、是憤怒、不滿、想找他理論。

不過，與室友簡單聊聊後，我腦內的舞台出現了新角色。這隻貓，作為一種新資訊，給了大腦新的方向去思考。當我在舞台上把聚光燈往貓那邊一照，慢慢引發了我對貓的情緒（正向、溫暖、喜好）。貓提供了我另一種角度，去重新理解午夜大叔的行為：這聲喊叫是為了呼喊貓咪回家。

讓一隻家貓半夜在外蹓躂，萬一被其他浪貓、浪狗欺負的話……萬一牠找不到回家的路，從此走失的話……不行、不行，牠還是得快點回家才是。當這些新的想法出現在我腦中，我思考事情的角度開始不同。某種程度我對大叔的憤怒並沒有完全消失；但因為我對貓咪的愛，讓這樣的情緒開始有辦法一點一滴的轉變。

大腦工作時，它運作的原則基本是「加法」；大腦無法進行「減法」的運作。意思是說，我們無法「移除」大腦已經有的記憶或念頭，但可以「增加」更多其他的觀點，來稀釋、緩衝本來的情境。

一開始，我的腦中存在的元素，清一色都是負面的。不過，在貓咪被加進來之後，正向的元素開始出現了。這種**正**、**負兼具**的狀態，許多時候是我與個案一起努力的目標。轉念，並不是要你把所有負面元素都拿掉、不准你對深夜大叔感到生氣。他忽視你休息的權利，他踩到你的界線，你感到生氣，這是合情合理的。

但我可以「同時」意識到，除了生氣之外，故事還有其他章節值得我看見。在舞台上看到貓，看到這個新的章節後，我的生氣雖然還在，但可能已經不會像一開始那樣強烈，也不那麼影響自己了。

先前我曾提醒過一個誤會：很多人認為，轉念就是要我們「只看到」事情好的一面，要我們「忽視」事情壞的一面。這句話是強人所難的，因為大腦的運作只有「加法」，沒有「減法」。**真正的轉念，不是忽視負面的、只看正面的，而是完整、公平地看見整件事情的樣貌。**

轉念提案　出門走走，就算你「覺得」沒有用

出門晃晃有助於改善情緒。如果你願意晃去「新的地方」，那效果會更好！邁阿密大學與紐約大學的心理學研究團隊[4]做了一個研究，證實了這樣的效應。

在為期三個月左右的時間裡，研究者追蹤了上百位民眾的「移動與 GPS 地理位置」以及「情緒波動」。分析這些數據之後發現：**每天到不同新地方，在**

4 Heller, A. S., Shi, T. C., Ezie, C. C., Reneau, T. R., Baez, L. M., Gibbons, C. J., & Hartley, C. A. (2020). Association between real-world experiential diversity and positive affect relates to hippocampal–striatal functional connectivity. *Nature Neuroscience*, 23(7), 800-804.

地理位置變化更多的人，更常感受到正向情緒。這個研究呼應到前述提到的「新東西」。到了新地方，有了新體驗、新感受，這些東西都有機會成為你轉念的材料。

大學二年級時，我修了一堂「創意寫作課」，老師出了一題作業：「do something new」（做點新鮮事）。雖然這堂課已經過去十幾年了，但我此刻還記得，當時的我翹了課（還跑去跟老師說，翹課就是我的 something new），跑去樂生療養院，認識了一個新地方，了解當時許多社運人士在抗爭的歷史。

雖然我沒有為這個議題付出多少心力，但當時在場的我，看到許多人努力為著一個理念付出、奮鬥，著實讓我感動。這是上大學之前，我還沒有機會感受過的經驗。

你今天出門了嗎？你今天去了什麼新地方，體驗了什麼新經驗嗎？還有時間，出門走走吧！

3-4 小心！「眼見」不「為憑」

有句英文諺語是「Seeing is believing」，譯成中文為「眼見為憑」。你認同嗎？在這，我想透過一個研究（呼應了聚光燈的概念）來提醒讀者，這句話其實不正確，更可能成為轉念的阻礙。

一九六八年，哈佛大學兩位心理學家 Rosenthal 與 Jacobson 做了一個有趣的實驗[5]。這個實驗的大意是，他們先幫某所學校的所有學生都安排了智力測試（也就是IQ測驗）。然後告訴老師，某一部分學生的智商非常高，頗具學習潛力，讓老師無意間相信，這些學生的課業表現會很好。

5 Rosenthal, R., & Jacobson, L. (1968). Pygmalion in the classroom. *The urban review*, 3(1), 16-20.

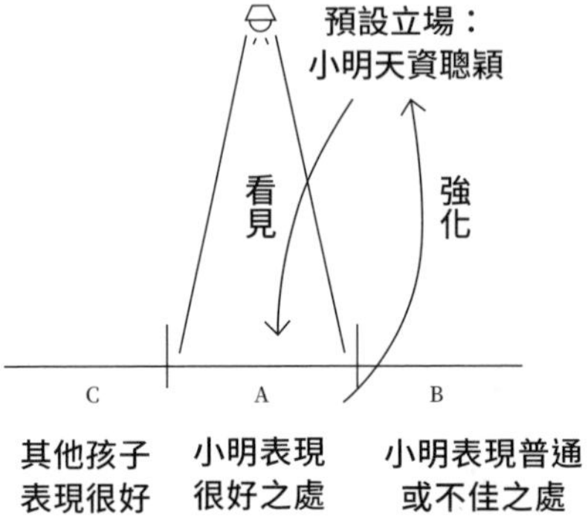

但實驗精彩之處就在於，那些高智商的孩子，其實只是隨機抽選出來的。他們的智商不一定比其他學生高。透過這樣的暗示，他們想知道「老師對學生的期待」，會如何影響學生的表現。

後來的實驗結果震撼了教育界人士，因為那些被貼上「高IQ」的「普通」孩子的課業表現，在學期結束後，確實比其他沒被貼上高IQ標籤的孩子來得好。

如果把聚光燈的比喻拿出來對照，可以看到一個這樣的循環：

預設立場：老師認為小明天資很好
↓老師的聚光燈更容易看見小明表現好之處
↓老師的想法、看見的資訊影響了他的行為
↓老師可能無意間更用心在小明身上
↓老師的聚光燈更容易看見小明表現很好的地方
↓老師再次相信小明是一位天資很好的學生
（回到循環的起點）

透過這個例子，我想提醒的是：**你的預設立場，不但會影響你「看到」什麼，更可能會在潛移默化中「影響」你的行為。**讓你期待看見的發展，更可能出現、更可能發生。在你「看到這些期待成真後」，你的想法與信念又再次被強化，讓你更相信你本來的預設立場，循環不息。

這種效應有其良善的一面，也會有其不利的一面。只要我們把剛剛的例子改成告訴老師：「這一群孩子比其他孩子還要笨」，你大概可以推論出故事後來的發展了吧？

簡言之，**聚光燈不但影響了「觀點」，也可能進一步影響我們的「看見」與「行動」**。「Seeing is believing」這句話，應該改成「Believing is seeing」（你會看見，你所相信的）更準確呢。

某天，你約了幾位朋友晚上聚餐。這次輪到你來挑餐廳了。你心想，冬天最適合吃火鍋了。想知道哪家火鍋好吃的你，在搜尋引擎裡輸入了：「台中 東區 火鍋推薦」。

Google 一樣可靠而快速地告訴你，它用了零點五八秒的搜尋時間，幫你找到四百三十七萬筆結果。當然，你不可能窮盡這四百多萬筆資料，一個一個點進去看。所以，你參考了 Google 幫你整理的幾個推薦選項（也就是搜尋結果排在前面的幾筆）。你挑了幾間看起來不錯的店，然後也一邊點開了「網友的評論」，希望能當作進一步參考。

「火鍋非常好吃，湯頭一極棒，記得留一點胃吃甜點！美中不足的地方是，老闆娘的臉非常臭，好像我欠她幾百萬一樣！」你和朋友討論了一下，決定去吃這家店。但有趣的是，從你進火鍋店開始，你的心就下意識地開始尋找傳說中的「老闆娘」。你在店裡最關心的，已經不是牛肉片或甜點了，而是老闆娘。

你和朋友聊到這則評論後，大家都開始玩起「老闆娘在哪」的遊戲。你們也沒把重心放在眼前的美食上。終於，你瞥見了老闆娘。啊！原來她剛剛坐在櫃檯呀，難怪沒看到。

你一邊涮著肉片，一邊往她那觀察。哦哦，有通電話來了，老闆娘接起來了！你一邊偷聽（比聽朋友講話還要認真），一邊心想：「真的欸，果然講話也不太有禮貌！」你開始覺得，評論說得真準。

「老闆娘臭臉」的印象自此開始被強化，你一路看著老闆娘的言行舉止，愈來愈「相信」你心中對她的「預設立場」（從網路上看到的）。說話大聲、走路速度快、面無表情……每一次的觀察，都讓你在腦中形成了一個「臭臉老闆娘」的形象。

換個場景，另一個老闆娘如果做出一模一樣的舉止，你會怎麼想呢？你來到你念書時最愛的一家早餐店。因為太常去了，老闆娘已經認識你了，甚至還會把今天沒賣完的小點心偷塞給你，幫你的早午餐加菜。

忙碌如戰場的早餐店，老闆娘為了處理眾多飢餓的大學生，其實也一樣地說話大聲、走路快、面無表情，但在你眼中，卻看來格外親切。「老闆娘可是為了眾多大學生飢腸轆轆的胃在努力著呢！真是太感人了！」你心裡這樣想，然後感動地咬下老闆娘特地為你趕工製作的蛋餅，喝上一口奶茶，真是太美味了。謝謝老闆娘！

這個源自我自己親身經驗的小故事，想提醒讀者的還是那句話：**你會看見你所相信的。**

3-5 你的大腦常常不工作嗎？

先前提到，大腦時常會進入節能減碳模式，使得我們無法把事情看得更全面、更清楚。在諮商時，這種狀況也會發生。如果我發現個案被困在某些特定的想法中，而且無法離開、深信不移時，我會稍微暫停進行會談，並問個案：「我們的大腦是不是不小心陷入節能減碳模式裡，沒力氣往旁邊多看看了？」接著，我會在白板上畫出聚光燈的圖，把我們剛剛「卡住」的狀況畫出來，邀請個案利用這次機會，練習「微調」腦中的聚光燈。

這一回，我想介紹一些人類大腦常見的「思考省電模式」。知己知彼，對這些省電的思考模式如果有更多了解，未來在遇到這種狀況出現時，你更有機會早點發現，並及時微調聚光燈，看見事情更完整的面貌。

「上台報告時，我有個地方說錯了，整個報告都毀了。」

幫忙檢查看看，這句話裡，大腦的思考有沒有偷懶呢？

常見的偷懶1：全有─全無（或稱為「非黑即白」、「兩極化」或「極端化思考」）

一次報告要嘛完美（一百分）、要嘛很爛（零分），缺乏中間模糊地帶（一～九十九分）。大腦想事情時，要記得事情有「中間」，而不會只有極端的兩邊。這是大腦在偷懶。

常見的偷懶2：心理過濾（也稱「選擇性注意」）

將注意力過度集中在負面的資訊上，而沒有把「整體」都看進去。這次報告中，除了那個講錯的地方，其實你其他地方都講得很清楚。這樣想事情，是不是不太公平呢？這是大腦在偷懶。

「唉，我就知道，我果然不是在台上說話的料。」

幫忙檢查看看，這句話裡，大腦的思考有沒有偷懶呢？

常見的偷懶3：過度類化（也稱「以偏概全」）

依據單一次的有限經驗，就下一個「廣泛、全面」的結論，而此結論其實與事實不符。這次講不好，並不表示未來都會這樣。如果你已經上台一百次了，而且每次都講不好，下這樣的結論可能比較合理。這樣想，這是大腦在偷懶。

「一個有本事的人，在台上就應該不會犯任何錯。」

幫忙檢查看看，這句話裡，大腦的思考有沒有偷懶呢？

常見的偷懶4：「應該」、「一定」與「絕對」

判斷事情時，使用過於嚴格的方式來論斷。這樣想，這是大腦在偷懶。在使用「應該、一定、務必、絕對」等話語時，我們就忽視了看事情時應具有的「彈性」與「例外」。有沒有人在台上就算犯了錯，還是被其他人當作很有能力、適合上台的人呢？我相信這種「例外」是一定有的。這部分在後面會做更多討論。

「我知道我下次上台一定也會這樣……唉，我真是不適合上台的人。」

常見的偷懶5：災難的算命仙

針對當下資訊，武斷認為未來「一定」會如此。沒有考量到其他更可能的狀況。這樣想，這是大腦在偷懶。

常見的偷懶6：貼標籤

利用過度簡化、過度類化的標籤，來評價自己的狀況。我們往往只會看到標籤，而忽視了每一個標籤背後細緻的差異。這樣想，這是大腦在偷懶。

「你沒看到嗎？我說錯話時老闆那樣看我，一定表示他很在意。」

常見的偷懶7：神奇讀心術

相信自己知道別人是怎麼想的，而不親自去問，或者搜集更多客觀的訊息、考慮其他更多可能性。這樣想，這是大腦在偷懶。

常見的偷懶8：個人化

相信別人的某些行為表現跟自己有關，而不去考慮其他更合理的解釋。老闆很可能用一樣表情看著所有上台的人，只是你沒發現。這樣想，這是大腦在偷懶。

「你沒發現我在台上超緊張嗎？」

常見的偷懶9：用情緒做推論

依據「情緒」、「感覺」（我很緊張）來做推論，而不是靠事實（整場報告中，只說錯一個地方，其他地方表現四平八穩）來做推論。這樣想，這是大腦在偷懶。

以上介紹的數種「大腦常見思考偷懶」是源自於一種稱為「認知治療」的理論，讀者可以簡單記得後，回到日常生活中，聽聽自己的心聲、聽聽親友的抱怨、同事的苦惱，並從中找找看有沒有類似狀況。其實這類偷懶的思考真的很常見。

在大腦偷懶時所下的這些「結論」，很多時候都會引發我們的情緒。所以，去發現這樣的偷懶，有所覺察，是改變的第一步。真正重要的不一定是很精準地去分類（眼尖的讀者可能有發現，大腦偷懶的現象，有些其實蠻像的），而是抓到「大腦在偷懶」，然後可以暫停下來，擴大聚光燈的焦點，把事情想得完整一點、看得宏觀一點。

3-6 「好」因「壞」而存在

想像一下，某天你中了樂透，你覺得自己會有多開心呢？不意外地，絕大多數人都認為，中樂透能帶給我們「超級超級大」的愉悅。

不過，在你沉醉在這樣快樂的同時，也不妨先預先設想一下，中樂透真的是一件「純然的好事」嗎？在你知道自己中樂透的當下，你是不是也想到了一些值得擔心的事？最常聽到的或許是擔心自己被綁架、擔心許多「遠房親戚」找上門來，更想起許多樂透得主後來的下場（破產、憂鬱症……），這些會不會發生在自己身上？

再舉例一個例子，近幾年，全球都深受新冠肺炎疫情影響。再想像一下，因為疫情爆發，你工作的公司業績深受影響，老闆在開會時沉重地告訴大家，請大家共體時艱……

聽到這個消息後，你第一時間感受到的情緒，可能是焦慮、擔心、恐懼，你甚至覺得，公司會不會經營不下去了？不過，這看似「純然負面」的消息，卻很有可能讓某些人「動起來」，及早意識到：在未來，不少工作確實都容易因為大環境變動而深受影響。有人把這樣的現況當作一種「煙霧警報器」，趁機開始思考副業的可能性，也有些人開始正視自己的理財、退休規畫。

這兩個例子想提醒讀者的是，所謂「好事」、「壞事」，你怎麼解讀其實是相當人為、主觀的。更多時候你會發現，**好與壞其實是相對的**。來看看小明遇到的狀況。

小明在一間福利還不錯的科技公司上班，公司提供免費的膠囊咖啡，員工不需花一毛錢，每天都能暢飲各種咖啡。一直以來，他都覺得這是公司給員工的超級大福利。

直到某天，小明參加了一場大學同學會，另一位在新創公司上班的小華跟大家炫耀說，他們公司沒有膠囊咖啡機，可是，老闆專職聘請了一位咖啡師，直接在公司裡面上班。每個工作天，黑咖啡、來自各地的精選豆子不用說，不習慣喝拿鐵的人，還可以指定換成「燕麥奶」，也一樣不用錢！

聽到這個消息後，小明瞬間變得好失望。「可惡，本來很讚的膠囊咖啡機，在

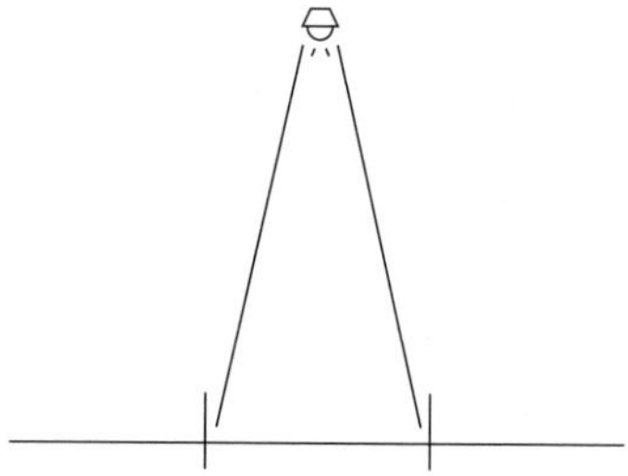

我們公司有
膠囊咖啡機

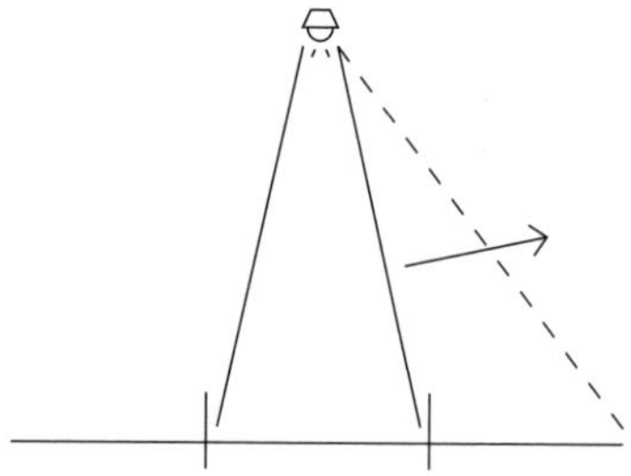

我們公司有
膠囊咖啡機

別人公司
有咖啡師

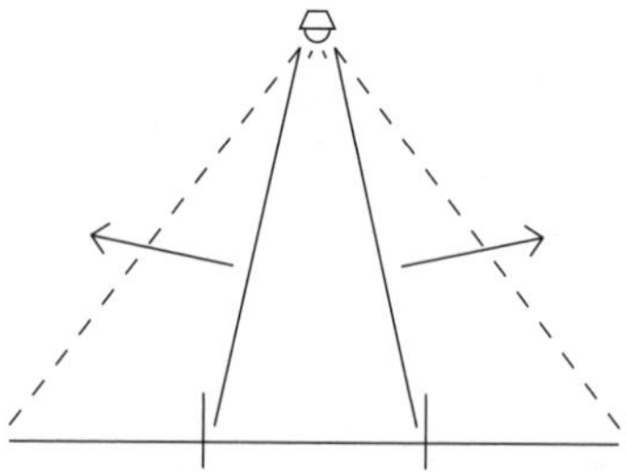

有人公司
連咖啡機也沒有

我們公司有
膠囊咖啡機

別人公司
有咖啡師

知道小華的『咖啡師』之後，居然瞬間變得很不厲害……」他心想。

假設，我們在平行時空創造出另一個小華，他現在所待的新創公司因為才剛起步，資金並不足夠，所以公司沒有任何跟咖啡有關的福利（沒錯，連三合一咖啡都沒有）。想像一下，小明在聽到這樣的訊息後，會如何理解公司的膠囊咖啡機呢？

在研究所學習心理諮商理論時，我發現心理系常用的「歐美國家教科書」裡，提到了不少來自東方的智慧。好比，近代不少西方心理學家發現，莊子、道家的「陰陽」和「太極」概念，其實可以幫助我們面對生活中的不如意。這個概念被應用到哲學、心理治療理論之中，被稱為「辯證思考」。

在辯證思考中，每一個命題（你可以初步理解為「現象」、「現況」），本身必定包含著另一個「與之相反」的命題。並且，兩者是因彼此而「互相存在」的。

舉例來說，「美」這個命題若要存在，就一定也要在「醜」這個命題存在時，才可以。想像某天，這個世界上的所有「醜」都不存在了。在這個情況下，其實「美」這個概念、這個命題，也就不需要存在了。什麼東西都一樣美，我們就不需刻意用

「美」和「醜」來形容這些事情了。研究團體治療的治療師 Goldberg C.[6]說：「真理是自相矛盾的，每種智慧都包含與其相反的成分，亦即真理是並存的。」正是這個意思。

在這邊提到的「並存」，正好呼應到先前介紹聚光燈時提到的重點：**轉念的重點不是「只」看到事情好的一面，而是能理解到，好與壞時常是相對的；更進一步來看，好與壞之間更是互相依賴而並存的**。

德國哲學家黑格爾曾提出一套「辯證思考」的三階段流程。他認為提出一個現象的這個階段稱為「正」（thesis），思考與這個現象對立的一面，這階段稱為「反」（antithesis）；最後，同時看見「正」與「反」的存在，找到化解矛盾而能統一的階段，則稱為「合」（synthesis）。

站在辯證的思考角度，強迫自己只能關注「事情正向的一面」，其實和只關注「事情負向的一面」，概念都一樣，所看見的視野都是狹隘的。

6 Goldberg, C. (1980). The utilization and limitations of paradoxical interventions in group psychotherapy. *International Journal of Group Psychotherapy,* 30, 287–297.

3-7 看見「壞」的用處

先前提到，大腦先天就對負面資訊比較敏感，這種現象稱為負面偏誤（negativity bias）。了解了大腦這樣的先天設定之後，我們在思考「轉念」時的目標，就應該慢慢調整。真正的轉念不是忽視事情負面的一面，而是「同時」看見事情有壞的一面，也一定多少也有好的一面。接著，我們甚至還可以更進一步，「善用」事情壞的一面，從中看見我們沒發現的現象。

在心理學中，有一派稱為「功能論」的觀點，簡單來說，這種觀點認為，任何行為或現象，之所以會持續存在，背後一定都是因為這對當事人來說有些「用處」。因此，快樂、正向的思考是有用的（幫助我們找到活力，勇於探索與冒險），同時，負面思考、不快樂也是有用的。

「有什麼用？負面情緒、負面想法，就只是讓人感覺不舒服而已啊！不是嗎？」

我想用另外一種「不舒服」來帶讀者思考一下。想像一下有一個牙痛的人。這個「痛」對這個人來說，有什麼用處嗎？

有的，「痛」本身的功能是告訴我們，有些地方狀況不對勁了，趕緊來看一下，必要時，請快點處理。倘若牙痛的「痛」並不「痛」，反而很舒服，那會發生什麼事呢？我們大概會一邊「滿口爛牙」，一邊感到很快樂吧！

也就是說，牙痛的「痛」如果「不痛」了，其實就無法發揮「痛」的效果，也就是提醒我們有事情不對勁了，要快點處理。

同樣，負面情緒這種心痛，如果感覺不「痛」的話，也就無法讓我們接收到身體想提醒我們的資訊。

若把「負面情緒」放在聚光燈的舞台上，我們首先會發現，負面情緒、負面想法時常會帶給我們不舒服。但若你願意，把聚光燈鏡頭一轉，你會看到負面情緒之於我們更有幫助的「另一面」：這樣的不舒服、負面的感覺或想法之所以出現，是想提醒我什麼？既然它一定會出現，那我能否善用這樣的提醒，做些什麼來應對？

你還可以再把鏡頭拉遠一點，不妨思考一下，一個完全沒有負面情緒、負向思

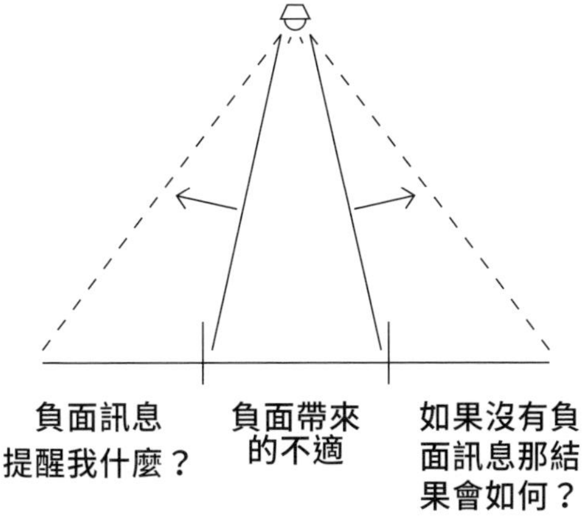

考的人，可能會遇到什麼問題？

一個不會生氣的人，可能是一位超級有修養的人，也可能同時是一位在辦公室總是被欺負的濫好人。一個不會恐懼的人，可能在他人眼中是為英雄，卻也可能在某些時候因為莽撞、衝動，讓自己惹禍上身。一個不會悲傷的人，可能讓人感覺很堅強，卻也給人一種距離感，讓人敬而遠之，反而失去了人際連結的機會……

下次，在那些讓你煩惱的感覺出現時，不妨問問自己：「身體現在給我這樣的感覺，它可能是想提醒我什麼？」透過這個問題，你就能慢慢挖掘出「負面感覺」的功用，並且「善用」它帶來的提醒。

在社會中，「提出問題的人」時常是不被喜愛的，但他們卻是改變現況的關鍵人物。

在心理層面，負面情緒就像一位「提出問題的人」，你是否願意聽聽他的想法？問問他想請你留意的是什麼。留點時間傾聽他，而**不要落入「解決不了問題，就解決提出問題的人」**這樣的狀況。

3-8 事實有對錯，但感受無對錯

前面第二章第四節「將你的想法分類」那裡，我曾經提到：有一部分想法可歸類為（客觀）「事實」，有另一類想法則是屬於（主觀）「評論」。而轉念的重點，往往不是客觀的事實（因為事實已經成真，通常無法改變了），而是主觀的感受與評論。

繼續往下想的話，我們應該可以推論出：當我們提到客觀事實時，是可以用「對、錯」來思考的。假如外面正出著太陽的話，有一個人心想：「外面是晴天」，這句話就是「對的」事實。但若外面正在下雨的話，這句話就變成了「錯的」事實。在面對客觀的現象描述時，我們通常可以透過一些具體的外在依據，來進行「對與錯」的判斷。

但主觀的想法或感受，就不適用於這樣「對、錯」的規則了。比方說，現在外面出著太陽，小花覺得：「好煩哦！我討厭這麼熱的天氣。」小美則覺得：「怎麼會，你真奇怪，天氣晴朗，我心情很好欸！」

請問，誰的感覺是「對的」呢？這個問題乍看有點蠢。是啊！對小花和小美來說，這是她們的主觀感覺，每一個人都有權利「擁有」自己的感覺。這類主觀的感受，是不需要被判定為「對或錯」的。

在日常生活中，你去觀察兩個正在吵架的人，時常他們在爭執的都是「主觀感覺」，而不是客觀事實。因為，事實就是這樣了，沒什麼好吵的。但主觀感覺時常因人而異，很容易因為歧異而引發紛爭。

理解了這樣的區分，下次安慰人的時候，你就比較不會「踩地雷」了。來想想一個情境：你的好友因為失戀，非常傷心難過。你說了一句：「好了……你再這樣哭下去，家人會擔心的。」希望能藉此安慰他，鼓勵他振作。

仔細檢查一下，這句看似安慰的話，其實已經不小心把「對錯」的規則，套入其中了。這也是為什麼有許多看似安慰的話語，聽在當事人耳裡，時常不是滋味的原因。

關鍵在於，我們在有意無意之間，評斷了對方此刻的感受。雖然你口頭上沒有明說，但我們透露出來的態度就是「你這麼難過（可替換為其他感覺）是錯的」。再多舉幾個例子，你應該會更有感覺：

- 「你要堅強一點，還有兩個孩子要養」背後的訊息是「堅強是對的，感覺到自己的脆弱是錯的」。
- 「你別想太多了……」背後的訊息是「想太多是錯誤的，不要想是對的」。
- 「你要開心一點呀！」背後的訊息是「開心是對的，難過是錯的」。

💡 💡 💡

在諮商室裡，「對、錯」不但時常是情緒困擾的來源，更是阻礙我們成長的原因之一。試想，有多少人為了證明「自己是對的」而浪費了多少時間。同時，就算最終你證明了自己是對的，最後，我們又留下了什麼呢？

因此，我會帶著個案練習跳出「對、錯」的思考規則，採用另一套思維來評估自己的主觀感受，這個概念稱為：「**有用性**」，源自於一個不存在的英文字 workability（work + ability ＝能不能用、能不能派上用場）。

在整理自己的主觀感受、內在想法時，暫時放下「想法的對錯」吧！不妨改問自己另一個問題：「**現在出現了這樣的想法或感受，對此刻的我來說是有幫助的嗎？如果我相信或依據這樣的想法行動了，能讓日子變得更好、更符合我的期待嗎？**」

「我現在感覺好憂鬱」這是一句主觀的感受。時常，你會掉入「對錯」的思維中，你會進一步認為「我覺得自己這麼憂鬱是不好、是糟糕、是錯誤的」，這就是「對錯」思維的危險之處：當你認為你的主觀感覺是錯誤時，其實你也否定了「產生」這種感覺的人——也就是自己。

轉換一下你的思考模式，進入「有用性」的思考，你可能會這樣問自己：「此刻，我感受到憂鬱的感覺。主觀感覺沒有對錯。不過，這個感覺對此刻的我來說是有幫助的嗎？如果它是有幫助的，那麼這個感覺想告訴我什麼？」

在轉念之前，我們要先慢下來，允許自己「有時間去感受到這些本來看似負面的情緒或感受」。如此一來，你才有機會從這些負面的經驗之中「學到一些什麼」。

而這些你慢慢體悟到的什麼，其實正是日後你能否好好轉念的關鍵。如果你一味地壓抑這些感受，多半只會發現，那些被你壓抑的感覺反而愈變愈大，時常讓你變得更加痛苦。

要從「是非對錯」換到「有沒有用」的思維，對多數人來說都是很挑戰的。畢竟，我們所受的教育，其實一直圍繞著「對錯」。是非題、選擇題，很多時候就連開放的申論題，都可以被對錯給評斷。

我常與個案討論，為什麼我們很難放下「對錯」的思考習慣。我們一起找到的一大關鍵是：因為我們從小到大所受的教育，都在告訴我們，人生一切都是有標準答案的。既然有標準答案，我們就應該可以判斷對錯。

考卷、成績單上頭的數字，就是一種「對錯」的象徵。這些象徵陪伴了我們幾乎整個童年，也難怪我們這麼習慣用這種對錯的觀點，去對待自己的內心世界。但長大之後，我們是得該意識到，其實大部分「與人有關的一切」，都很難有「絕對」的對錯。對別人是這樣，對自己的內心更是這樣。

如果你已經習慣用對錯思維來過日子，在這種情況下要轉念，通常是困難的。想像一下，習慣性地幫每個想法或自己的感覺貼上「對、錯」的標籤時，這種內在感受被「評價」的動作，本身就會引發不舒服的感覺。我們沒發現，「負面的感覺」

很可能不是我們真正不舒服的原因；我們對「負面的感覺」貼上了一個「不應該、不可以、不對」之後帶來的不舒服，可能才是真正的原因。

大抵來說，沒有人喜歡「被評價」。就算這個評價是好的也一樣。在我們被誇獎時，心中是否其實想著：萬一我下次做不到怎麼辦？那你是否會否定我呢？

下面這幾個問題，是用來協助你慢慢轉化「對與錯」的思維，轉換成「實用性」的幾個問題：

- 你願意溫柔地探索自己的內心世界，認識不同內在感受，不管它表面是正向或是負向嗎？
- 你願意跳脫「是非、對錯」的規則，帶著觀察者的心態，去認識這些感受嗎？
- 你願意清楚地看見這些感受，不急著因為它是正向、負向，而抱有不同的評價嗎？甚至，你有看見自己不自覺對這些感受開始「評價」的習慣嗎？
- 你願意去發現，這些感受存在，背後可能是有前因後果的嗎？時常，各種感覺都只是一種提醒，是為了保護你，就算它讓你不太舒服……
- 當你跟著這幾個問句，慢慢整理自己內心世界時，你有發現，此刻的你其實就已經在實踐「轉念」了嗎？

3-9 「看開一點」是什麼意思？

前面我跟大家聊過安慰人時比較沒幫助的話。這裡我想多聊一點關於陪伴他人轉念的方法。

在過去培訓助人工作者或志工的同理心課程時，我曾做過一個票選：在你心情不好時，你最不想聽到什麼話？以下是常見的前三名：

- 「你不要想這麼多。」
- 「你要看開一點。」
- 「你要轉念呀，不要一直往壞的地方想。」

這三句話有些共通之處，其一是，當事人心裡都知道「應該」這麼做，但當下並不是「想做就可以做到的」。再來如前面提過的，這些看似安慰人心的話，其實在當下，可能都否定了對方此刻的感覺。其三，這些話的本意與出發點都是好的，但「說法」容易讓對方誤會，包含「轉念」這兩個字（在寫這本書時，我一直很擔心大家看到這兩個字就翻白眼）。

下次，不管難過的是你的親友，還是自己，在開口說出這些話之前，不妨先來學學「替代方案」，讓我們的「安慰力量」更升級，也更可能協助對方或自己真的有辦法成功轉念（而不會被對方白眼，認為你在講幹話）。

其實一件事情發生之後，要自己不多想，真的很難。在拙作《練習不壓抑》裡提到：**壓抑自己的想法、情緒，時常會有反效果。愈不想要，愈躲不掉。**

所以，真正有幫助的說法或做法，應該是**給自己「合理的」時間與空間去想想這件事情**。

有點像是能量要出口來釋放的感覺。一件事情發生後，每天都可以給自己一段時間去「消化」這件事。**重點不在於「不能想」，而在於「設下合理的範圍」**。你可以鼓勵對方一天花十分鐘、二十分鐘想想，但時間到之後，要記得換件事情做。時常，「事情還沒想清楚」的這種感覺，短時間內雖然難以消失。但請記得回到聚

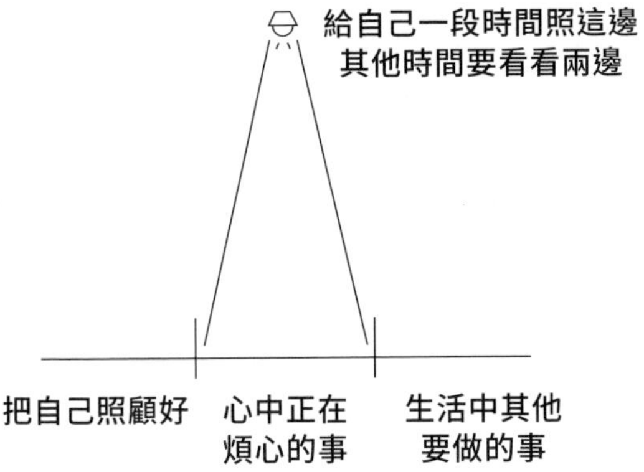

光燈的比喻，記得往兩旁看看，有其他也很重要的訊息，好比：「把自己照顧好」、「生活中還有其他要做的事」。

到底什麼叫「看開一點」呢？這句看似「幹話」的安慰話語，其實如果真的有理解的話，仍是句很棒的提醒。

若此處沿用聚光燈的比喻，**看開一點真正的意思是，把事情看地更全面、更宏觀**。聚光燈此刻照到之處，或許是事情壞的一面。但請記得往兩旁稍微看一下，同一個空間裡，還存在著其他面向的訊息，也許是壞事帶來的某些重要提醒，或者是塞翁失馬這種可能性的存在。

不否認某件事情真的帶來的不良影響，但也不過度武斷地忽視其他看待這件事情的觀點。因此，看開的重點在於，有沒有調整聚光燈的焦點，把關注的點、光照的範圍放大一點。也記得，這種「打開」是需要足夠時間與空間，時常是急不得的。

曾有人說，時間是最好的解藥。這句話雖然聽起來也蠻像幹話的，但倘若一個人在這段時間內，真的採取了一些有幫助的行動，時間真的可以幫助一個人「打開」。

「看開一點」的相反，叫做「執念」。執念的「執」是緊緊抓著的意思。在一件事情發生之後，你緊抓著某一個想法牢牢地不肯放，並深深相信事情只有這個觀點，這就是執念。

某個深夜，你搭上了計程車，心中慶幸「呼！終於可以回家了」。在你放鬆卸下包包，準備小憩片刻時，你看到計程車後座掛著司機的開車證照，證照裡頭的大頭照看來，這個人格外地不友善。

你不禁想起，日前夜歸女子搭上黑牌計程車，被載到深山劫財後放生的恐怖故事。趁著計程車經過隧道，光照比較明顯的時刻，你偷偷往後照鏡一看，嚇死了，司機也正在看你。

「他長得真的好兇，為什麼他要這樣看我？」你在心裡吶喊。苦無答案的你，感覺這條隧道好長、好長。車裡氣氛愈來愈沉重，愈來愈焦慮的你，無意之間更常往後照鏡確認司機的眼神與動作。

不知道是不是錯覺，司機臉色真的愈來愈差。至少，你確定，比你剛上車時看到的臉色還差。你心想，該用手機了，至少和好朋友保持聯繫，把車牌、司機的名字都告訴朋友。

正當你準備偷偷拿出手機的那一刻，司機說話了。深怕自己拿手機被發現的你，無法控制地大叫了出來。這下司機也嚇到了，他露出尷尬的微笑問：「後座有什麼東西是嗎？」

你看到他的笑臉，覺得氣氛從恐怖變成詭異，急忙說：「沒事、沒事……」

司機大哥沒意識到你的感覺自顧自地說：「是這樣的，剛剛載到你之前，我肚子已經有點痛了。本來以為應該一下就沒事的，但我現在肚子還是好痛。我可以先去加油站上個廁所嗎？這段時間不跳錶，看你要等我一下，還是再叫其他車也沒關係。」

「啊，原來是這樣啊！你快去沒關係，我可以等你！」你露出了放下警戒之後那鬆了一口氣的表情，開始覺得自己剛剛到底在演哪一齣。

當一個人陷入「執念」裡頭時，你所見的，其實只是整件事情當中一個「特定的點」。不管這個點是「好的點」，還是「壞的點」，其實都頗危險，因為你看到、認識到的事件本質，都不完整。對事情的認識不完整，我們因此採取的決定，通常

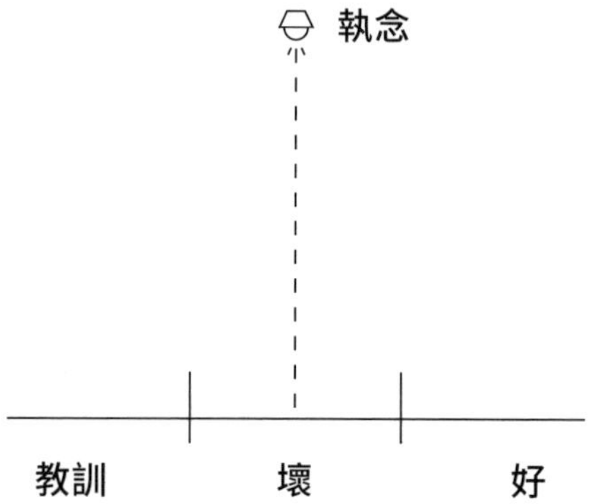

也都會有所偏頗。

綜合上述，我們在安慰對方時該提醒的，不是不能想事情壞的一面，而是要提醒對方設下時間範圍。同時，也應該提醒對方，「同時」看見事情的不同面向也是重要的。面對壞的部分，需要時間消化、面對與接納。面對好的部分，也要同樣公平地放在心上。同時看見好與壞，在更完整的視野下，我們才能做出比較好的決定。

下次在安慰別人之前，記得把這邊的觀念稍微複習一下，相信你安慰的方法與力道會更適宜。

PART 4

念還可以這樣轉

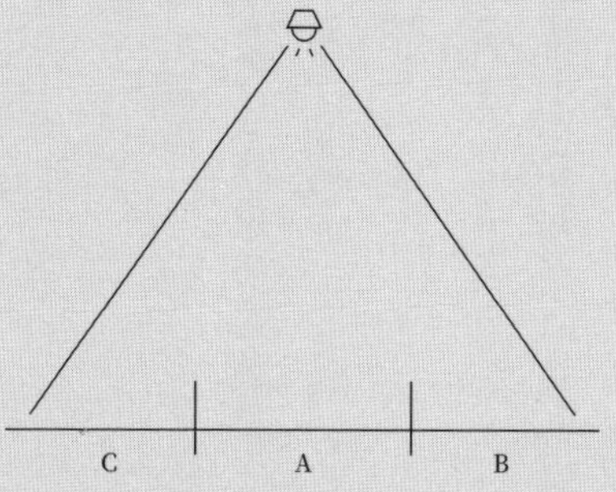

4-1 「相對論」轉念法

經過前面章節的說明，相信各位已經慢慢熟悉、理解轉念的基本概念了。在這PART，我想帶領讀者找到更多實踐轉念的可能性。倘若把轉念的精神放在心中，回到日常生活後，你便能發現，處處皆有機會用上轉念。

在心理治療時，心理師會介紹一個觀念給個案，叫做「主觀不適量尺」（subjective units of distress scale, SUDS），這把尺特別常用在焦慮症患者身上。在協助焦慮症患者時，我們發現一個普遍的現象是，患者在面對引發他們焦慮情緒的人、事、地、物時，很難去「精確」評估這次焦慮的強度、焦慮帶來的不舒服是大還是小。

這有點像是說，一個人無法區辨「手指被別人的身體碰到」的痛，和「打籃球手指吃螺絲」的痛，哪個比較痛一樣。焦慮症者感受到的焦慮，對他們來說實在是太不舒服了，所以，一有焦慮的感覺（不管是大、是小），他們都覺得是「一樣的痛苦」。

諮商的一個目的，是帶給個案更多、更精準的「覺察」，因此陪伴個案去區分什麼焦慮是大焦慮，什麼是中度、輕度的焦慮是很關鍵的步驟。

因此，我們會在諮商室裡想像一些可能會讓個案焦慮的情境，請個案練習用一到七的數字，來反應他當下（或感覺中）感受到的不舒服。一是超級輕微的不舒服（幾乎可以忽視）；而七則是「世界末日般」的極度不舒服。透過這個過程，我們一起創造一把「焦慮之尺」。

在諮商前期，個案往往有不小心「喊大數字」的傾向（把小事件放大為「嚴重的事」）。但隨著練習，個案通常可以「跳出來」發現，一開始覺得很嚴重的事情所帶來的焦慮程度，好像沒有這麼大。如果在一個小焦慮出現時就給五分的話，那更大的焦慮感覺根本就超過七分了。

生活中的許多事件，其實都可以應用這種「相對量尺」由強到弱來「定位」。而量尺提供的這種「相對性」，幫助我們往「更糟糕」、「更不糟糕」的地方去轉念，並且慢慢意識到，並不是每一件事情都是「世界末日」的。

個案：「今天早上塞車半小時，害我遲到被主管罵，真是氣死我了！」
心理師：「好，我來還原一下。塞車半小時的 SUDS，你會給幾分？」
個案：「五分吧！」
心理師：「好，聽起來是中至高度的不舒服哦！那遲到被主管罵呢？」
個案：「六分！」
心理師：「哇，又更高了！」
個案：「對啊，誰被罵會開心啦，我更生氣了！」
心理師：「好，那你幫我想一下，如果有一天發生超大地震，你所在的地方幾乎都倒榻了，你站在路邊看到這一切的發生，當下你的 SUDS 會是多少呢？」（心理師想讓個案往「焦慮之尺」的更右邊看一下。）
個案：「嗯……好像只剩七分可以選了！」
心理師：「這樣好像有點怪怪的齁？」
個案：「好像是，怎麼被主管罵和超大地震居然只差一個單位……」
心理師：「對，我們來反過來想一下，是不是有些量尺比較不精準，跑掉了？」

個案：「這樣說，我好像會下修路上塞車的分數，變成三好了。」

心理師：「嗯嗯，那被老闆罵呢？」

個案：「改成三點五分就好，哈哈！」

透過量尺提供的相對位置，我們可以從中找出許多可以轉念的立足點。下次，在你當下感覺不舒服時，你也可以用一到七來幫這個不舒服打個分數。然後，你可以問自己：「有沒有一件事情，可能比七分還要高分？」透過這個過程，可以協助你把觀點再打開一點，讓你更精確去看待這次的狀況。

焦慮之尺(Before)

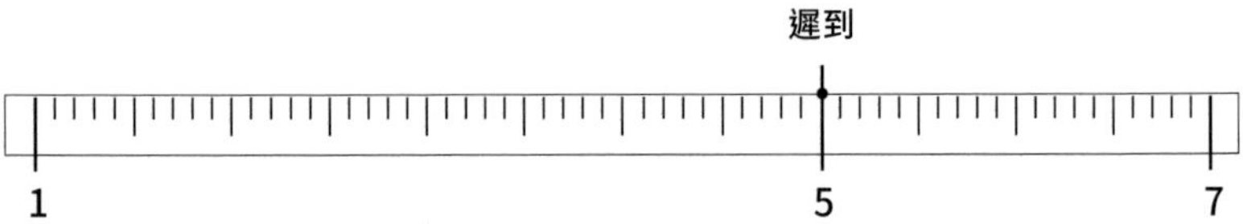

焦慮之尺(Before)

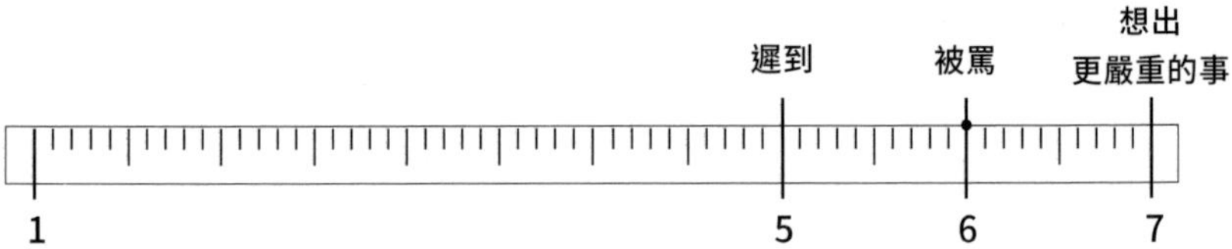

焦慮之尺(After)

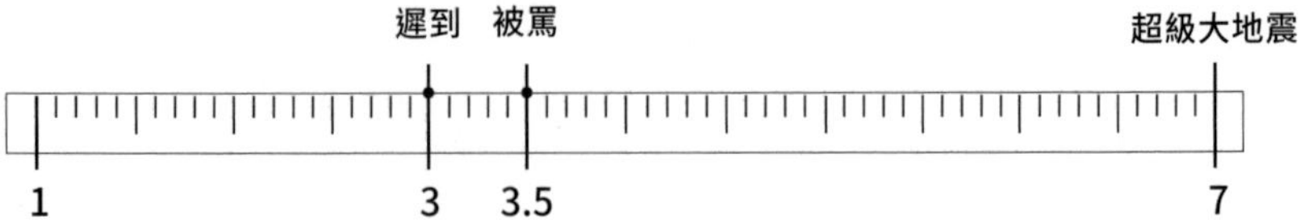

轉念提案　把尺畫出來，事情沒這麼絕對

這個練習也很適合用在「過度類化」與「非黑即白」的大腦偷懶時。具體來說，你可以透過以下問句，幫助自己把聚光燈往兩旁照一下（看開一點），重新評估目前這個情境：

1. 簡單描述一下你在擔心、害怕的事情。
2. 使用一～七來替這一件事情的嚴重性打一個分數。
3. 想像一下，你在擔心的情況，如果演變為「最糟、最糟、最糟」的後果，可能會是什麼？
4. 想像一下，這個最糟的後果如果真的發生了，以你手邊現有的資源，你可以做些什麼來應對嗎？是完全沒辦法應對、束手無策，只能接受；還是有一些基本可以做的事？
5. 如果「最糟、最糟、最糟」的後果應該是七分，那你現在在擔心的事情，還會是你本來給的分數嗎？或者你想如何調整呢？

6. 請想像一下，這件事情最好、最好、最好的後果會是什麼？

7. 根據我們剛剛往左邊（最好的結果）、往右邊轉念（最糟糕的結果），你的視野現在應該「更全面了」。再重新評估一下，你覺得此刻你正在煩惱的這件事情，「最有可能的結果」會是什麼？你覺得它的嚴重性分數需要再修正嗎？

一般來說，人類那一顆天生比較負面、容易焦慮的大腦，在遇到（看似）難以招架的事情時，會出現兩種傾向：一個是「高估壞事發生的機率」，另一個是「低估自己應對這種結果的能力」。

當這兩種傾向互相加強之後，你確實會覺得：「天啊！最慘的結果一定會發生，而我一定沒辦法應付的！」。當你深信這樣的想法，內心如果還不因此更焦慮的話，那才奇怪呢。

請記得多多善用「一~七」這一把尺，時常用它幫助自己，把聚光燈轉向不同數字，看見事情的「相對性」。提醒自己，感覺焦慮、擔心的感覺十分強烈，但事情其實不會總是像我想的這麼「絕對」。

4-2「對事 vs. 對人」轉念法

心理學家發現，人類的大腦是個「回答問題」高手。我們會對別人、自己的行為一直自問：為什麼？好比，那位店員為什麼要對我微笑呢？為什麼我這次考試考砸了？為什麼老闆要幫我加薪……各種與自己、與他人行為有關的種種問題，我們有個想去了解、揣測的傾向。

一個人為什麼會這樣做呢？這個問題想探索的，其實是人類行為背後的「動機」。在心理學研究中，已經找到了上百種理解人類動機的角度。在「對事 vs. 對人」轉念法這節，我想與讀者介紹的是一種理解動機的好用理論，叫做「歸因理論」。歸因指的是，人類對於一件事、一個行為的詮釋或解釋，其實它與轉念息息相關。

在解釋人類行為時，有人習慣「對人」（從人的角度來看事情），有人習慣的

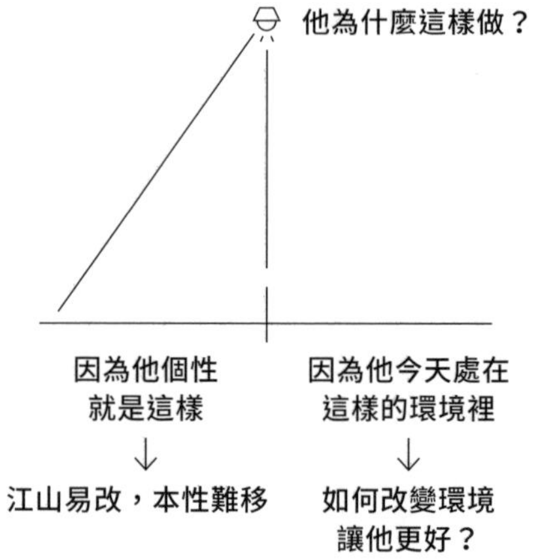

是「對事」（從環境因素來看事情）。

「對人」的意思是，你覺得一個人會做出某件事，是因為他的個性就是這個樣子。而若一個人的某個行為是出自於個性時，我們會預期，就算今天他換到另一個環境之後，他也還是會做出同樣的行為（江山易改，本性難移）。

「對事」的意思則是，你覺得一個人之所以會做出某事，是因為他所處的「環境」所造成的。這也表示，如果今天這個人來到不同的環境之後，他可能就不會這樣做了（人在江湖，身不由己）。

對人與對事，這兩個角度都能幫助我們比較完整地認識一個人的行為。不過，每件事情都要想這麼仔細的話，大腦太累了。心理學家發現，多數人思考的慣性，其實是「對人不對事」，我們傾向於直接用「個性」來理解別人的行為，而時常忽略了環境的影響力。這種太習慣「對人不對事」的歸因習慣，太重視「個性」而忽略了「環境」的影響力，被稱為「基本歸因謬誤」。

一九七三年，普林斯頓大學心理學家找來了他們學校神學院的學生做了一項實驗[7]。是這樣的，研究者一個個邀請這些神學院的學生，請他們從聖經中選擇一個主題，到學校附近的大樓講道（這對這些神學院的學生來說，是別具意義的事）。

不過，研究者安排了一位衣衫襤褸的椿腳，在這些學生趕往另一棟大樓的路上待命。在學生通過他們時，椿腳會在這些學生面前跌倒，閉眼、咳嗽、呻吟著，看起來非常痛苦。研究者想知道的是，這些神學生是否會停下來幫助這個人呢？

研究者安排了三種變數，學生會被隨機分配到不同變數之中做實驗。第一個變數是，有些人在出發前會拿到研究者設計的問卷，上頭詢問他們走上神學之路的原

---

7 Darley, J. M., & Batson, C. D. (1973). "From Jerusalem to Jericho": A study of situational and dispositional variables in helping behavior. *Journal of personality and social psychology, 27*(1), 100.

因，是為了自己（把宗教當成充實、完善自我的方法）、還是為了他人（榮神世人）；有些人不會填到這份問卷。

第二個變數是，有些人在出發前被指定了等一下要短講的主題，其中一群人要講的是「職業神職人員與宗教使命之間的關係」，而另一群人則被告知要分享的是「好的撒馬利亞人的故事」。

好的撒瑪利亞人是源於基督教中，對助人者、好人心的稱呼。這個源於《聖經》的故事大意是，一個猶太人身負重傷躺在路邊，但祭祀和利末人看到他後卻沒有駐足相救，最後反而是一位與猶太人關係不好的撒瑪利亞人救助了他。

第三個變數則是，在這些學生出發時，研究者會看著手錶，一邊說：「啊，你要遲到了。你早該到現場了，我們快點出發吧！」另外一些學生出發時，研究者則是說：「講道那邊還沒準備好，但我們現在慢慢出發也好，時間比較寬裕。」

實驗設計大致如此，讀者不妨猜猜看，哪一個變數最能影響這些神學生的助人行為呢？是「被提醒了念神學是為了助人」、「被提醒了『好的撒馬利亞人』的故事」，還是「發現自己不趕時間的學生」？

這個社會心理學的研究非常有名，因為它跌破不少人眼鏡。多數人聽到這個研究時，認為「被提醒了念神學是為了助人」，以及「被提醒了『好的撒馬利亞人』

的故事」這兩組，應該會有最多比例的學生停下來幫助跌倒的路人。

但結果並非如此，實驗數據發現，唯一能預測神學生是否會停下來幫助路人的，是第三個變數：這些學生如果在匆忙趕路的話，只有百分之十的人會停下來助人；而被告知時間充裕的，則有百分之六十三的學生停下來助人。

看來，「情境」因素有時候可能會「壓倒性」地影響一個人的行為。今天如果換了一個情境，這些學生的行為很有可能會不同。

下次，在你思考關於自己、他人行為時，不妨問問自己：

- 我是怎麼「歸因」這個人的行為的？我有沒有漏掉什麼？
- 以「對人」的角度來說，這樣的行為，可能是出於個性嗎？
- 以「對事」的角度來說，這樣的行為，會不會是受環境影響所致？
- 如果要「看開一點」，我們是否同時留意到「個性」與「環境」都可能影響這個人的行為呢？

當我們認為一個行為是出於個性時，我們其實會暗地相信，這是難以改變的。可是，如果我們覺得這個行為其實是受到環境影響的話，我們會相信，若能調整、改變環境，此行為就有機會改變。

想像一下有一對同居的情侶。其中一個人回家出現了「亂丟襪子」的行為。另一個人把這個行為歸因給「個性」時，內心很容易感到絕望，畢竟，「江山易改、本性難移」。

但如果我們把這個行為與「環境」連結在一起，事情感覺可以有不同發展。也許伴侶會開始對這個行為感到好奇：對方亂丟襪子的行為，每天都發生嗎？週一到週日都一樣嗎？或者，背後其實有些我們沒深思過的因素影響著對方的行為，好比有沒有加班？當天的情緒、體力、壓力狀態等等。

透過這樣的拆解，在面對不如意時，我們至少找到了更多轉念的角度。而新的觀點、新的發現、新的詮釋，很多時候就是改變的第一步！

4-3 從「得獎感言」學轉念

我很喜歡看金曲、金馬獎的頒獎典禮。觀看的過程中，期待自己欣賞的創作者得獎是一回事。我更發現，這些創作者在台上的得獎感言，其實是非常好的教材——提醒我們許多關於成功與失敗、關於自己與他人的事。

在這一節中，我想引用幾篇得獎感言，並帶讀者一邊認識心理學中的3P模式，這三個P指的是個人化（Personalization）、永久性（Permanence）與普遍性（Pervasiveness）。在一個人心情憂鬱時，很常出現這樣的思考習慣。來看看這些創作者在努力創作的過程中，是如何陷入這些思考習慣，以及他們又是如何找到改變的契機。

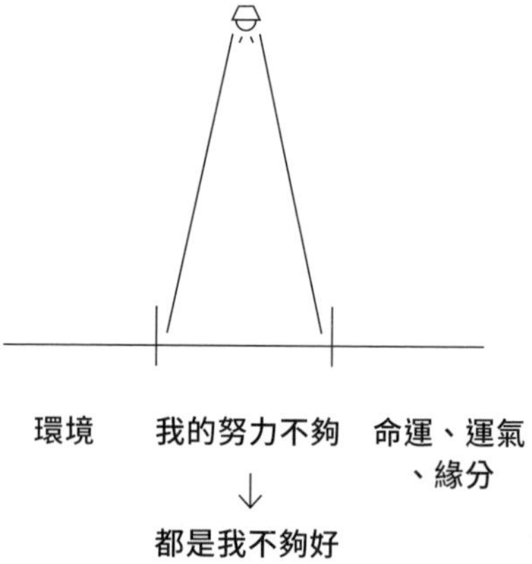

「……謝謝這五年來跟我們人生一起打拼的音樂夥伴，何韻詩、與我政治工作的夥伴，和我的家人。這五年來是各位讓這張專輯有了生命，特別感謝我的母親。……」（第三十屆金曲獎最佳樂團　閃靈主唱 Freddy）

在我們成功時，如果只「看見」自己的努力，往往是不夠的。除了 Freddy 與閃靈自己的努力之外，還有很多人的付出幫了他們一把，如感言中提到的五年來一起打拼的音樂夥伴、何韻詩、政治工作夥伴、家人、母親。

在順境時，要同時看見「自己的努力」，以及「他人的幫忙（環境）」，相較之下是比較容易的。但在面對逆境時，我們往往傾向聚焦在「自己的努力不夠」，而忘了「環境」其實也深具影響力（好比，今年入圍的人其實都超強，這

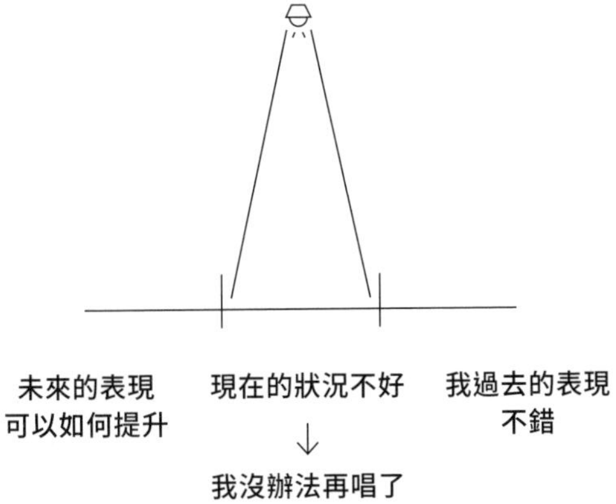

就是一種環境因素）。一件事的成功，往往是天時地利（環境）加努力（個人）；一件事失敗了，其實也是這樣。

在面對失敗時，如果「只」歸因於自己的錯誤或能力不足，而忽視環境的影響力，這種思考偏誤稱為「個人化」（Personalization），是讓我們變得悲觀的第一個P。

「有一陣子，我覺得我沒辦法再唱，我不想寫、不想唱、不想再創作，因為我不知道你們有沒有在聽。我的痛沒有人家多，總覺得好像在抱怨。……謝謝。我知道你們在聽了，所以我會用力地寫下去。」（第三十屆金曲獎最佳作曲人獎艾怡良）

在這段話的前面，我們看到了另一個P的影子，稱為永久性（Permanence）。「有一陣子，我覺得我沒辦法再唱」，這句話如果變成「我覺得我已經『永遠』沒辦法再唱了」，這種把「此刻」當成「永遠」的思考習慣，正是讓一個人悲觀的第二個P。

事實上，把此刻視為永遠也是一種大腦節能減碳的結果。「此刻」你的狀態很好，不表示以後「永遠」都會這樣；反之亦然。但在我們心情不好時，大腦更加省電，就會不小心讓我們以為事情永遠會這樣下去。也謝謝艾怡良有發現，那一陣子的感覺不是「永遠」的。

「感謝環球音樂，在我像是一個等待回收的垃圾時，給我一個家，尤其是Mei，她在我完全不相信這世界的時候，她是這麼對我說的：『小峰，你不想再做音樂也沒關係，不想跟任何人合作也沒關係，但請你一定不要再也不相信人。』就是因為這句話，我才把那碎成一地的歌頌者，一片一片撿回來，成為大家聽到的太空人……」（第三十一屆金曲獎最佳男歌手　吳青峰）

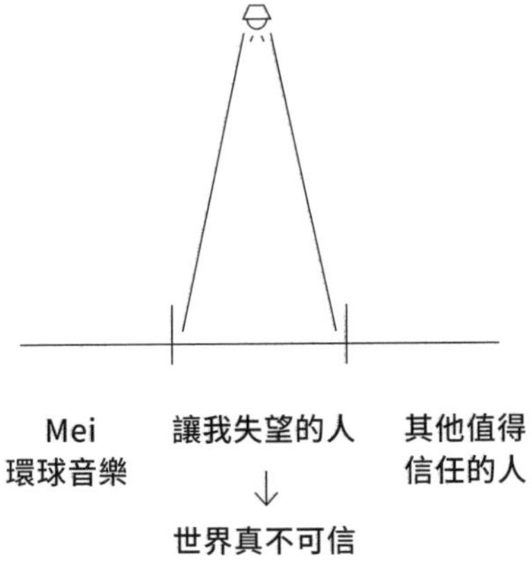

在青峰的感言裡，Mei說的這句話特別精彩，「你不想再做音樂也沒關係，不想跟任何人合作也沒關係，但請你一定不要再也不相信人」。

時常，我們會因為一次挫敗的經驗，無意間將它「類推」到更大、更廣的範圍。像是青峰曾經因為被幾個人所傷，帶著這樣的經驗而開始不相信所有人。這種將「局部」變成「全部」的思考習慣，是讓我們更容易悲觀的第三個P，稱為普遍性（Pervasiveness）。

感謝音樂的力量，讓這些受傷而勇敢的創作人，找到力量，解除讓人陷入悲觀的3P思考習慣，我們才有這麼多好歌可以聽。希望這些人繼續創作下去，而身為聽眾的我們，可以借鏡他們走過逆境的力量，也在自己身上慢慢看見更多勇氣。

4-4 「圓餅圖」轉念法

至此，我已經分享了關於「個性」與「環境」的歸因觀點、從得獎感言到3P的思考習慣。這一節，我想更聚焦在面對成敗得失時，我們值得多加留意的思考提醒。

從個性與環境兩大角度出發，一件事情的成敗，背後可以分別整理出以下值得留意的原因：

與「人」有關的因素：

- 我的「能力」到什麼程度：根據過往經驗，評估自己對某項工作勝任的程度
- 我的「努力」到什麼程度：自我反省、檢討自己在任務過程中是否盡力而為

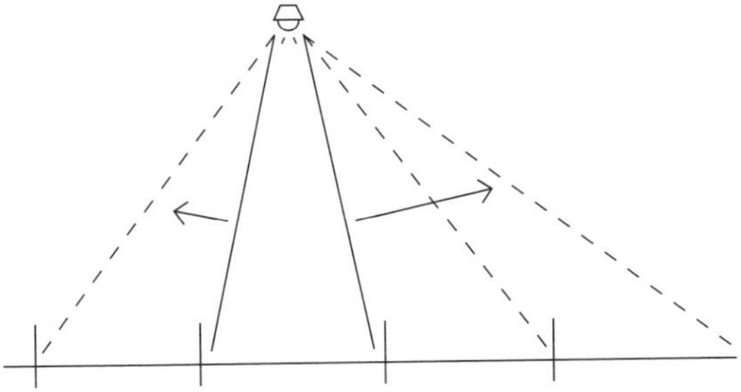

與**「環境」有關的因素：**

- 任務本身的難度：根據過往經驗，判定某任務的困難程度
- 運氣因素：「天時」、「地利」、「人和」的整體程度

如此一來，你至少找到了四個聚光燈值得多加探索的方向了。舉例來說：上個月的報告，你覺得自己表現並不理想。你「一直」覺得是自己努力不夠。但透過這四個觀點的整理，你更客觀地評估了一下自己的狀況：

1. **能力**：這是你第一次在上百人的場子報告，你鮮少有這樣的經驗，或許能力確實不足。

2. **努力**：其實你仔細想了一想，報告前能做的你都做了，還加強了練習的強度，這樣的

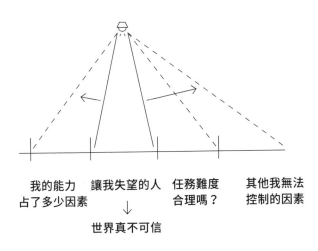

結果其實不是「努力不夠」，而更多是因為欠缺實際經驗。

3. **難度**：呼應到剛剛的「能力」，你自評了一下，這次任務確實比以往困難。稍微宏觀一點地想，其實這次表現——同時考量到自己現在的能力、努力程度與任務難度——已經不錯了。

4. **運氣**：報告過程中，環境、硬體部分都沒出什麼大差錯，算是蠻幸運的。

除此之外，我們的聚光燈還可以再往外探照一下，找到兩個更細膩，也頗值得往下探問的觀點：

5. **他人的表現**：例如你可能在一間非常厲害的公司裡上班，但因為大家都太強了，你常常是吊車尾的那一個，因而對自己表現常給予負評。有天，你因為職涯考量，換到了一家團隊沒這麼厲害的公司工作。考績下來一看，卻發現自己表現在前幾名。像下頁圖呈現的兩種「不同常態分配」，雖然每個人的具體表現，能夠用比較客觀的方式來評估，但我們時常忘了，同樣的表現若被放在不同環境（不同成員、不同同儕）裡，我們對此表現的評估其實就變得十分「主觀」。你所感受到的「相對位置」，影響了你的感受（還記得「相對論轉念法」嗎？）。這是典型的「雞首」、

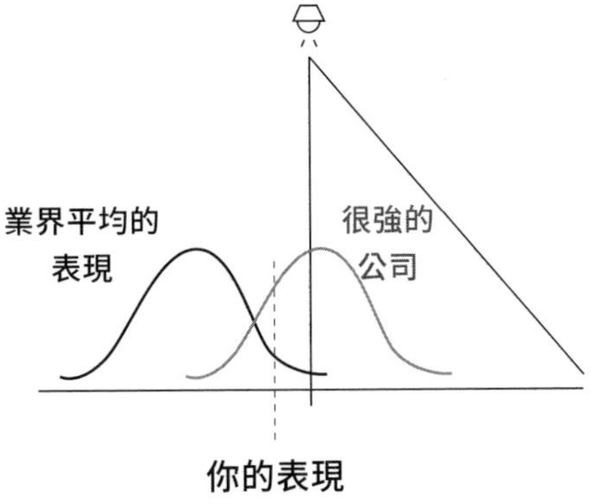

「牛後」概念。當你關注的焦點都是牛時，你「覺得」自己是落後的；反之，你若只看見雞群，你就會覺得自己是很厲害的。

6. **身心狀況**：許多時候影響到結果的，可能不是你是否「努力」，而是你的身體在過程中到底「給不給力」。

下面整理了幾個攸關身心健康的提醒，當你顧好其中一項時，你就得到一顆無敵星星。在任務完成之前，你能累積的無敵星星愈多，你就更有機會「發揮全部的實力」。反過來說，若這些項目你都沒顧到，你的表現很可能就不是你真正的水準。

□ 近期睡眠充足
□ 近期飲食均衡、完整

- □近期沒有發生讓你情緒波動的事件
- □近期有運動的習慣
- □你成功處理完讓人煩心的其他事件
- □近期有規律執行紓解壓力的活動

藉由前述的分析，未來在思考成敗時，我們至少可以從六個角度來轉換聚光燈。在諮商工作時，我會把這個概念延伸為視覺化的「圓餅圖」。以小華為例，某次考試中，他考了五十六分。他可以如何理解這樣的結果呢？

一開始，面對五十六分的結果，小華用一句「我不夠努力、不夠認真」來總結這個情況。但這個模糊的歸因，其實無法讓他具體知道要怎麼改進。頂多就是下次考試時「更認真」，但其他比「認真」更關鍵的因素，卻可能沒被看見。

我依序用前面介紹過的六個角度，陪小華逐一思考「五十六分」背後的不同歸因：

- **能力**：上次考試考得還不錯，小華自評對這次考試範圍是有能力掌握的。
- **努力**：小華覺得自己不夠努力。
- **難度**：請小華評估這次考試難度時，他感覺跟之前差不多。但我請他稍微「客觀評估」，於是他去詢問老師的看法。老師說這次考卷是偏難的。
- **運氣**：小華發現考卷裡面有兩個題目其實有出現在參考書上，但他沒寫到那邊就跑去睡覺了（小華覺得這跟運氣有關）。
- **他人表現**：為了回答這個問題，小華這才跑去探聽其他同學的分數。讓他意外的是，他的分數其實是班上前幾高的，這使得他重新思考了五十六分的「相對」意義（還記得嗎？五十六分雖然是客觀的，但你如何看待五十六分，則是主觀的，也是轉念可以派上用場的地方）。
- **身心狀況**：考試當天，小華本來覺得自己身體沒出什麼狀況、還算OK。但回想之後，他發現自己當天沒吃早餐，而這多少會有影響。
- **其他環境因素**：老師會不會教、班上同學學習風氣好不好……這些因素較難具體評估，但小華同意可能都會間接影響到班上同學的課業表現。

緊接著，我在諮商室的白板上畫了一個大圈圈，帶著小華「畫圓餅圖」。一開

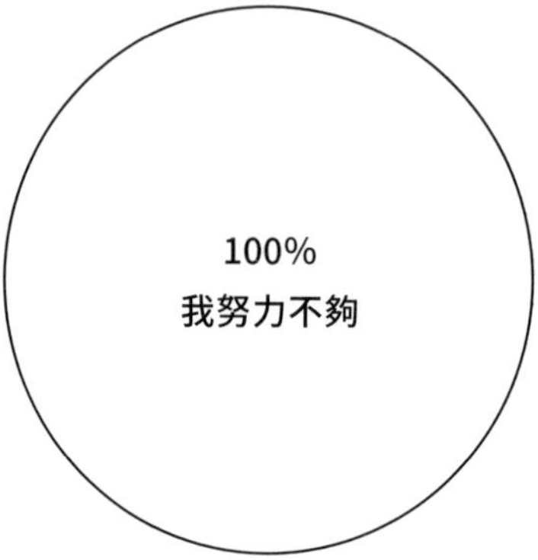

始小華覺得自己不夠努力，要為整件事的結果負百分之百的責任。

但經過六大因素的盤點，小華的聚光燈開始看見不同面向的肇因，看見了事情更完整的面貌。

這呼應了一些人對轉念的誤解：「轉念會不會只是一種阿Q思考？」小華的例子告訴我們，其實不是。若你能真正了解轉念的意涵，轉念其實是一項很務實、很完整的思考工具。

轉念不是要小華否認自己有做不夠、做不好的地方。小華還是可以更認真、更努力，這是沒問題的。只是，透過更客觀的找證據（好比，了解難度、他人表現等訊息）來「還原」事情真相後，他可以從更多不同角度來看同一件事情，並找到更多未來可以調整的方向。

在畫出「完整的」圓餅圖後，小華調整了他本來的想法「我考不好，因為我不夠努力」。他把「我

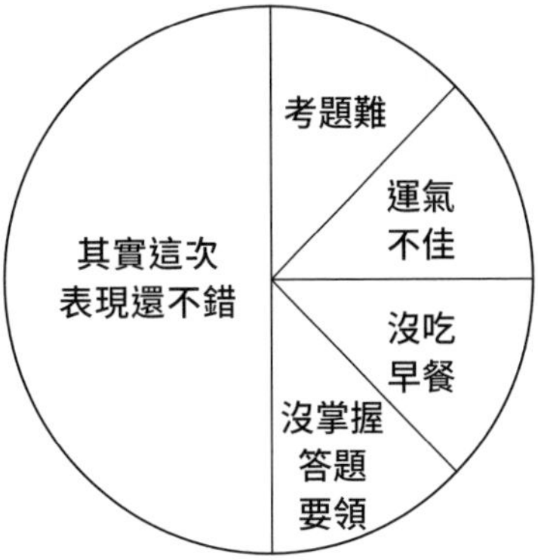

表現得還不錯」加入了一開始的歸因之中。像這樣，他允許「自己表現其實還不錯」與「各種可以再努力的因素」這兩個看似不相容的因素同時存在。這種心理彈性，是轉念可以幫助每個人培養的。

值得一提，有些人會執著於「精確」為每個項目做分類（像是計較「努力」到底占了三〇%還是三十五%？）。我自己的經驗是，許多因素其實橫跨了多種原因（像是剛剛的參考書重複的題目，被小華歸因為運氣，但也可以理解為努力不夠）。我的想法是，精確分類並非真正重點，重點是：**意識到一個結果，往往是諸多因素造成的**。若能看見完整的「諸多因素」，就能有更多使力點，找到更多可以嘗試的改善策略！

4-5 一體兩面：從轉念到轉面

你聽過「高敏族」（Highly Sensitive People, HSP）這個詞彙嗎？

在日常生活中的環境裡充斥著各種「刺激」，好比視覺（燈光）、聽覺（聲音）、氣味（嗅覺）等。提出HSP概念的伊萊恩．阿倫（Elaine Aron）博士發現，每個人在處理、應對這些感官刺激的過程是有差異的。在大眾之中，有些人對於看起來很「一般」的日常刺激，因為感受的能力較強，會覺得這些刺激太強烈了。時常處在這種狀況後，他們很容易因環境刺激而感到疲憊。

高敏族的大腦好像被裝了一台「感官放大器」，從環境中接收到的刺激都會被放大。HSP時常因此感到煩躁，並希望能從刺激中離開。除了物理刺激會被放大之外，心理感受也常被「放大」而使他們感到超載。也許只是一個路人的小動作、表情、眼神，或是「無心的話」等，都容易讓HSP感受到比常人更多的心理壓力（就先不提有些人不理解HSP，整天向他們問說：「你們這樣活得太累了吧？有那麼嚴重嗎？你太敏感了啦！」這會讓他們有多煩了）。

這種敏感且高反應的身體預設模式，更常讓HSP出現一些生理症狀，好比失眠、胃痛、冒冷汗，或其他自律神經的症狀。

聽到這邊，不管你是不是HSP，大概都能想像，處在高敏感的狀態下過日子，一定十分疲憊吧！曾有HSP比喻，如果人類的身體有「天線」接收訊息的話，一般人應該只有兩、三根天線，那身為HSP的他大概有一千根，而且每根天線都非常精準，全年無休地在接受「大數據」訊息，讓他的身體和大腦都快當機了。

某天，我在自己經營的臉書粉專「心理師想跟你說[8]」上，分享了一篇談論HSP的文章。只是，這一篇文章強調的不是HSP的生活有多困擾，而是，有沒有

8 沒錯，措手不及地直接置入，歡迎讀者來按讚：facebook.com/KnKpsy

一些幸福，是專屬於HSP，而一般人未必能強烈感受到的？

日本心理諮商師武田友紀自己也是HSP，他在《高敏人的優勢練習課》一書裡提到，有些幸福，會因為高敏族的「高敏」而變得更深刻。好比，HSP對於「細節」的掌握度頗高。乍看是困擾，但也能反過來，刻意調整環境中的一點味道與聲音小細節，對別人來說可能沒差別，卻能讓自己維持好心情或恢復幹勁。

又例如，HSP通常有強烈的直覺。這種直覺能幫助HSP在日常生活中，做出更好的選擇。而HSP很高的同理心，也能讓HSP在生活中成為更好的傾聽者，讓其他人感覺被理解、產生共鳴而建立關係。

這篇文章貼出來後，引發了比我想像還要踴躍的迴響。留言者多半都是HSP。網友留言說「有時候看到鳥語花香、陽光燦爛，會莫名感動得想哭」、「我覺得高敏人也有幸福感。只是出現在一些奇奇怪怪的地方。比如說，早上出門抬頭看到藍天，心滿意足地咬下一口熱呼呼的包子，覺得好爽，路邊掃地阿伯看到，很開心地和你說早安」。諸如這些感動，或許正是HSP才能體會到的。

成語「一體兩面」的解釋是「同一個整體因觀察的角度不同，而呈現不同的狀態」。這提醒了我們，黑白、好壞、悲喜……這些看似對立的概念，或許其實根本上是「共存」的。

不少網友的留言區，恰好體現了「一體兩面」的真諦。好比：「我自己本身也是高敏人，曾經覺得很困擾，但也發現，這種特質其實讓我更懂得反思跟提升自己。」事情往往有一體兩面，我們無法「捨去」其中一面，但我們可以決定，我們這次想往哪一面多看一眼。對於我，這也是一種轉念呢！

朋友日前認識了一個新對象，她說，兩人相處起來格外舒服。很少遇過這麼體貼、細膩的男生。一眨眼，半年過去了，他們決定同居看看。

體貼、細膩的他在同居之後，一樣沒變。樂於打掃家裡、在女生月經來時貼心準備暖身飲品……這些事蹟，都是她常向我們炫耀的，我們也很替她開心。

但幾個月後，某次聚會時，她提到一些新發現。「他太敏感了！」原來，某次快下班時，男友傳了訊息給她，她一時忙碌，雖然看到，卻忘了回。

回家，她其實也忘了這件事，但隱約感覺對方好像有點「怪怪的」。開口一問，對方說「沒有」。但她也不是第一天認識他了，知道他心裡一定有事沒說。後來雙方討論到已經快吵起來之後，男生才開口問說：「為什麼你不回我傳的訊息？」

我朋友這才想起來。啊！對，確實有這件事。急著下班就忘了這件事。只是，她看到對方不高興時心裡一想，只是一隻跟貓有關的影片沒有回覆，有這麼嚴重嗎？

後來我們大夥聊了起來，每個人在想像，假設遇到同一件事情，不管自己作為「丟訊息方」或「讀訊息方」，可能會有什麼反應。這真是有趣的情境題，每個人遇到類似情況的反應、感覺與行動都略有不同。

當下，我突然有感而發：「欸，你有發現嗎？你當初喜歡上他，一部分是因為他體貼和細膩，其實這跟這次讓你煩惱的『敏感』，好像是一體兩面。」我解釋說，一個人要能考量到對方需求，甚至事先為對方做些什麼，這種稱為體貼、細膩的行為，其實正仰賴一個人對於環境、對於他人需求的敏感度。

在親密關係中，這種現象並不少見。一個你當初愛上對方的原因，稍微轉個彎，出現在不同地方後，反而可能變成你討厭對方的原因。真的是「一體兩面」的好例子。

不過，當我們在聊的是複雜的人類時，我更覺得人類是一個「立方體」。不管再怎麼看，這個當下，我們最多就只能看到其中的三個面。但這三面並不能代表眼前這個人完整的樣子。時常，你需要「轉面」，才能看到其他訊息，才能對這個人的行為「轉念」。一體三面，先轉面，你就能轉念。

4-6 找出意義，讓煩惱「結案」

很久很久以前，有一位愛睡懶覺的作曲家，他的妻子總為了如何讓他準時起床而頭痛不已。某天她發現了一個好方法。在先生該起床時，她走到鋼琴這裡，彈出一組樂句的前三個和弦，然後就收手不彈了。

這位愛睡覺的作曲家聽到這個「未完成」的和弦，輾轉反側，痛苦不已，只好忍著睏意爬起來，移到鋼琴這裡，補上最後一個和弦，讓這「未完成」的和弦有個結尾。

俄國心理學家布魯瑪・柴尼格（Bluma Zeigarnik）某次在餐廳用餐時，發現一個有趣的現象：為了應付眾多客人，負責點菜的服務生似乎有超高記憶力，能在不用紙筆的情況下，記住不同桌客人要點的菜，在廚房完成後，還能正確地送到對應的餐桌。

但整件事情最讓他感興趣的部分是，在服務生把餐點送完之後，如果事後要求服務生回想一下他剛剛記得的資訊（不同桌的客人各點了什麼餐），服務生卻會好像失憶了一樣，什麼也想不起來。

這種現象後來被稱為「柴尼格效應」，指的是我們在面對問題時，如果這個問題已順利被處理後，大腦就會鬆懈下來，把這件事情從腦中空間移去。我喜歡用「結案」來比喻。就好像一個卷宗，最後一部分的文件已經放進去了，可以歸檔、收起來，好來準備處理下一件事情。

這反過來提醒我們的是，當我們遇到一件事情，不管是做到一半被打斷，或者是時間到了沒辦法繼續做，只要某件事情處於「未完成」的狀態，這件事情就會持續被放在心上。

其實，這個效應你很可能不陌生，每天都在發生。好比，在看八點檔時，導演、剪輯師都會在這一集快要結束之際，安排一個「未完成」的伏筆或懸念。像是媳婦某次在一氣之下，賞了婆婆一巴掌。然後，畫面停在婆婆捂著臉，不可置信發生了什麼事，準備開口的那一幕（片尾曲，下）。

「啊，婆婆想說什麼？」、「她會怎麼做？」」諸如此類猜想此刻不斷出現在你的腦中。對導演來說，他們很樂見這種「被勾到」的狀況。為了解決那個「懸念」，明天八點，你大概會乖乖坐在電視機前，觀看劇情後續的發展。

回到我們自己的人生來想想，你心中那些煩惱的大小事，是不是時常都處於「未完成」的狀態呢？好比「失戀」，就是一種戀情未能完成的狀態。三個月後要交的報告，現在一頁都沒準備，也是一種未完成（真抱歉，此刻你可能想到一些之後要交，可是現在都還沒寫的東西）。

先前提到，像是「放下」這種安慰話語的幫助並不大，除了因為大腦更習慣去看事情「不好的一面」這種習性之外，另一個主要因素就是因為柴尼格效應：**那些我們希望對方放下的，時常都是未完成的遺憾**。

因此，要妥善應對這類「未完成」的困擾，我們可以思考一下，如何讓這類事件或困擾可以發展為「完結篇」。

我試著用心理諮商的過程來類比一下。諮商師和個案之間的關係，和我們人生當中的親情、愛情、友情很不一樣。諮商師與案主的關係，是以「結束」為目的存在的。也就是，諮商師並不會永遠和個案保持這段關係。這段關係存在的原因，是為了協助個案去面對他的煩惱。在煩惱被妥善處理、理解、找到新解法之後，這段關係就會結束，這時，心理師就會進行「結案」的程序。

但心理師要如何判斷這一個治療任務已經可以結案了呢？一般情況下，最明顯的線索是：個案當初帶來討論的議題，已經獲得了解決，個案不再因此感到心理上的痛苦。

此處可以再細分一下，個案帶來的某些問題，確實可以因為努力而被解決，有些問題涉及較多的機緣與運氣（當裡頭有多數比重不是我們自己可以控制的）。在面對可解決的問題時，個案若能成功學會一些新方法、善加應用，便能主動出擊，讓情況有所改善，事情順利落幕時便可結案。

不過，心理師在陪伴個案面對的議題，時常都是後者。那些我們無法控制，也無法因為「努力」而被改變的狀況（好比生病、意外等）。這時，故事要怎麼落幕呢？我們可以如何讓事件「結案」呢？

先公布一下答案，叫做「**找出意義**」。在面對無法改變的現況時，一個人若能慢慢看清楚事件的全貌，就更有可能以較為宏觀、客觀的方式，從這件事情裡面詮釋出自己的意義。

心理學家伊麗莎白·庫伯勒—羅斯發現，人們在遇到失去至親時出現的哀傷歷程，可能會以「否認、憤怒、討價還價、沮喪、接受」這五個階段來交錯出現。根據她的觀察，悲傷最終會走向「接受」。接受似乎是故事的結局，一個人認清、看清，知道事情已經發生了，就是這樣，不管你是否願意。你終究得找出方法，去處理自己「不能接受的心情」，然後習慣這樣的「新常態」。

但這個五階段理論還沒結束。與庫伯勒—羅斯一起工作的另一位哀慟專家大衛·凱斯樂（David Kessler）發現，「接受」似乎不是故事的結局。他根據自己的經驗與工作觀察指出，「找到意義」才是故事的結局。在接受事情現況後，一個人還可以走上一條尋找意義的路途；重新看見、釐清一些自己過去沒發現的事。

大衛·凱斯樂在他《意義的追尋》書裡提到：**意義是由自己來創造的，只有你可以找到你自己的意義。這個「意義」是否有意義，唯一能誠實回答的，就只有自己。**

提到意義，另一位來自荷蘭提堡大學的心理學家普洛斯（Travis Proulx）提出「意義維護模型」（meaning maintenance model），他認為，人生中我們面對的各種困擾、迷失、煩惱、迷惘，都會帶給我們一種痛苦的感覺。

為了應對這種痛苦，大腦會不斷思考。因為，最能有效緩解這種痛苦的方法，就是我們可以從這些困擾與迷惘中找出意義。或者，**我們可以更積極地，賦予這些發生的事情一些意義**。

我們回到轉念這件事，我想提醒：**「意義」時常不會出現在舞台的正中間，它更習慣藏身在整個舞台上最邊邊角角，那個你未曾探照過的地方**。有時，你會照見這裡，是因為時間。有時則是因為緣分，也許是旁人的一句話、電影的某一幕，又或是新聞上的某個報導。

如果你已經努力了好一陣子，但仍尚未看見意義的蹤影，你也可以主動賦予、創造出事情對於自己的意義。

許多個案用他們的經驗告訴我，「未完成」也有未完成的意義。或者，矛盾地說，「未完成」也可以是一種「完成」。只要你是出於真心的選擇，願意去擁抱這種「未完成」的結局，並且允許自己以這種「未完成的結局」來作為結局。

不妨想想某些小說或電影吧！其實，還真的蠻多電影、小說的結局，並不那麼像「結局」。它是開放的、未解的，讓人充滿不確定感，卻也同時給人滿滿的可能性。像是初戀，那個永遠無法被完成的故事，也許可以讓我們在「酸甜苦澀的蛻變」之中記得些什麼。會不會，那個被留下的「什麼」，就是一種意義的樣子？

當你可以從這些什麼之中，找出一些自己對於人生的見解，並更靠近自己一點時，也許就是時候，可以暫時把這些煩惱檔案歸檔，蓋上「結案」的印章，帶著你在這件事中所淬鍊出來的意義，繼續往下前進了。

PART 5

轉念時要留意的事

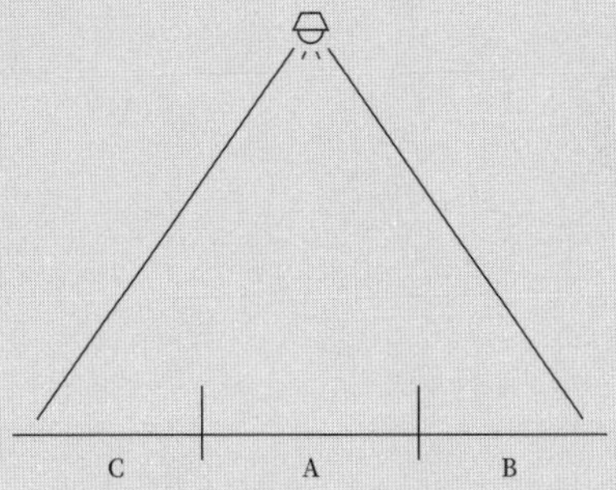

5-1 以「胡蘿蔔」的心情出發

要怎麼讓一個人「動起來」呢？背後有許多方法。爸媽拿著棍子站在孩子身後，要孩子乖乖寫完作業，這是其中一種。另一對父母可能告訴孩子，只要你快點把作業寫完，等下就可以出門玩、吃點心，這又是另一種。

在行為心理學裡，這兩個例子剛好可以界定出行為底下的兩個動機。第一種行為動機是「迴避」（躲棍子）。一個人執行某個行為，是為了避開某些他不想要的後果。好比剛剛寫作業的孩子，寫作業背後的動機是不想被爸媽罵。又像是每天準時上班打卡的上班族，這麼做背後的動機是不想因為遲到被扣薪水。

第二種行為動機稱為「趨近」（想吃胡蘿蔔）。在一個人做出趨近行為時，他會這麼做是因為期待這麼做之後帶來的正向感受或好處。小朋友期待吃到點心，所以乖乖寫作業。上班族認真完成主管交代的事，因為他心中想著每月月底發薪水時，他會有多開心。

透過這兩個角度，我們未來在理解一個人的（表面的）行為時，就可以往下詢問：他會這麼做，是出於「躲棍子」，還是「想吃胡蘿蔔」？

一開始，這套動機概念被企業引進時，是以驢子為主角。雖然棍子與胡蘿蔔「很不一樣」，但它們都能驅使驢子前進。事實上，對人類而言，棍子和胡蘿蔔這兩種動機系統都很重要。

「迴避」其實與「生存」息息相關。從小，我們就學會「火」是不能亂碰的，因為摸到會痛。這種痛讓我們理解到，「火」是危險的。類似這樣，在長大的過程中，一個人不知不覺中學到，有很多東西是危險而需要避開，炙熱的鍋子、鮮豔的菇類、生氣的爸爸、不說話的女友……這些避開危險的迴避行為，其實是一種「保護」。不過，如果一個人的生活總是因為保護自己而只有「迴避」的話，這種持續逃避的狀態，會讓一個人的人生變得十分枯燥乏味。

反之，「趨近」其實是另一種會讓人更有活力的激勵方法。小朋友喜歡吃甜食，正是因為老天爺安排了「甜」作為一種獎勵。一個孩子會為了能吃到更多糖果而願意嘗試、完成很多事情。

推動著你每天生活的，是棍子還是胡蘿蔔呢？一個區別的方法是：我們會因為一直被棍子追著跑而感到無奈、有壓力、一直覺得「不得不這樣做」；如果你的生活是被胡蘿蔔所激勵的話，你會感覺自己有「往前進」的感覺，而且多數行為都是出於自願而做的。

此刻，不妨回想一下，從今天起床到現在你做過的所有事情：起床、吃早餐、上班、約會、滑手機，乃至於看這本書……這些行為背後，是出於胡蘿蔔，還是棍子呢？

雖然棍子和胡蘿蔔都能有效推動一個人動起來，但效果還是有差的。你覺得哪個比較有效呢？也不妨回想一下我們從小到大的經驗。從唸書開始到工作的職場生活中，你的生活是棍子多、還是胡蘿蔔多呢？

和不少個案討論過去生命經驗時，大家的回答幾乎清一色都是「棍子」。唸書時期真正的棍子就不提了。不少人仔細回想現在公司的組織規則時，也驚訝地發現到處都是棍子（懲罰）。對於棍子、胡蘿蔔哪個更有效，可以從下面這個有趣的實驗來思考。

這個研究[9]想知道的是：大人唸給小朋友聽的童話故事，是否可以幫助小朋友學會道德觀念，並且真的實踐出來？實驗以「誠實」為主軸，研究者好奇，在討論誠實的童話故事中，哪種類型的故事會讓小朋友的行為變得更誠實？

研究者找來兩百多位年紀介於三到七歲的小朋友參加實驗。過程是這樣進行的，一開始研究者會和小朋友玩「猜猜看」的遊戲。小朋友在沒看到玩具的狀況下，要根據玩具發出的聲音，來猜它是什麼玩具。

進行到一半，研究者會藉故離開一分鐘，跟小朋友說他要去拿一本書。在離開之前，研究者會特別交代小朋友「不要偷看放在桌下的玩具」。

壞壞的研究人員在桌下擺放的玩具，是偶爾會發出奇怪、特別聲音的那種。有

9 Lee, K., Talwar, V., McCarthy, A., Ross, I., Evans, A., & Arruda, C. (2014). Can classic moral stories promote honesty in children? *Psychological science*, 25(8), 1630-1636.

和小朋友相處過的人會知道，這種新奇、好玩的刺激，對小朋友來說真是太難抗拒了。絕大多數小朋友在對抗誘惑的戰役中都失敗了，但這正合實驗者的意。

後來，實驗者若無其事地回到研究室。和小朋友玩了一下之後，會唸一個童話故事給小朋友聽。不同小朋友會被隨機分配到下面四個故事中的其中一個：《龜兔賽跑》、《放羊的孩子》、《皮諾丘》或《華盛頓砍倒櫻桃樹》。

真正的實驗現在才要開始，在小朋友聽完故事之後，實驗者會友善地問小朋友：「剛剛你有沒有偷看玩具呢？」

讀者可以先猜猜看，哪一個故事唸完之後，小朋友更願意坦承自己有偷看玩具呢？這邊也來幫讀者複習一下這四個故事的寓意：

- 《龜兔賽跑》：烏龜、兔子比賽跑步，兔子因為偷懶而輸掉比賽的故事。
- 《放羊的孩子》：主角（牧童）因不斷撒謊，後來自己照顧的羊群真的被狼吃掉了。
- 《皮諾丘》：故事重點在於小木偶只要說謊，鼻子就會變長。
- 《華盛頓砍倒櫻桃樹》：描述華盛頓不小心砍倒櫻桃樹之後，和大人坦承，且他的坦誠得到了大人的肯定。

在猜猜哪個故事比較有效，可讓孩子變得誠實之前，先評估一下這四個故事的核心，是棍子、還是胡蘿蔔？

很顯然，《放羊的孩子》、《皮諾丘》是跟棍子有關的故事，前者的棍子是「羊被吃掉了」，後者的棍子是「鼻子變長」。而《華盛頓砍倒櫻桃樹》是一個胡蘿蔔的故事，華盛頓的誠實讓他「被讚賞」。

《龜兔賽跑》在這個研究裡有點尷尬。對於烏龜，這是一個胡蘿蔔的故事，「勤奮終能成功」；對於兔子，這是一個棍子的故事，告誡我們「懶惰導致失敗」。不過，這是一個其實與誠實無關的故事；在原本的實驗裡，是用來當作對照組的。

答案揭曉，是《華盛頓砍倒櫻桃樹》。沒錯，就是唯一的「胡蘿蔔」故事。研究數據顯示，分配到聆聽這個故事的小朋友，願意坦承自己偷看的比例，將近其他故事的三倍。

傳統教育，乃至於現今的組織管理策略總認為，懲罰是比較有效的管理方法。但行為科學的研究發現卻非如此。聽聞《皮諾丘》與《放羊的孩子》的孩子們，坦誠的比例反而是低的。

研究者為了證明「胡蘿蔔」比「棍子」更有效，還做了另一個研究，把《華盛頓砍倒櫻桃樹》的故事結局改成棍子的版本：主角華盛頓坦承砍倒櫻桃樹之後，反而受到大人懲罰。這樣一改之後，結果又逆轉了：聽完這個「棍子版」的華盛頓故事之後，小朋友願意坦誠的比例又變低了。

研究者 Kang Lee 下的結論是：「若想要增進如誠實等道德觀，強調誠實的『正向結果』才是關鍵，而非不誠實的『負向結果』。」這個結論裡，誠實的正向結果就是「胡蘿蔔」，不誠實的負向結果就是「棍子」。當我們想鼓勵一個人多展現好的行為時，胡蘿蔔是更有效的方法。

我在一個外國的親子論壇看到一位爸爸留言說：我不希望我的孩子做錯事時，第一個冒出的念頭是：「我爸會殺了我。」我希望他們的第一個想法是：「我需要馬上把這件事情告訴我爸，請他幫忙。」他認為用恐懼來教育孩子，不是教育。

同樣的道理，其實不只是教育小朋友，我們在「教育」自己時，同樣的原則也是通用的。你今天在教育自己時，是用棍子多，還是胡蘿蔔多呢？

當我們用「胡蘿蔔」過日子時，日子會是快樂而振奮的。但當我們一張開眼就是「棍子」，這一天真的很難振奮起來。長久下來，還會變成一個被棍子困住的人生。

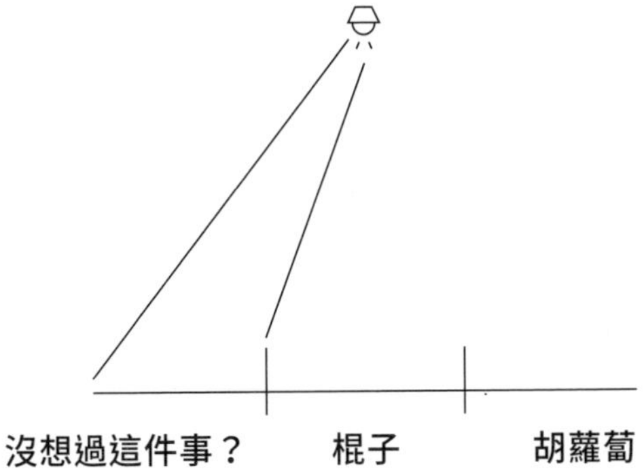

在你還沒讀過這本書，或者看過相關的理論、資料之前，你可能不曾用「棍子與胡蘿蔔」這個角度來檢視過自己的人生。在你知道這樣的訊息之後，你內心的舞台上，便出現了「棍子」和「胡蘿蔔」的身影。

起床時你心想：「唉，為什麼我每天都要準時上班呢？真辛苦，但又不得不準時。遲到扣薪水，我的心更痛了。」在你這樣思考時，你暫停下來，「思考自己的思考」之後說：「這是棍子！」

但先別急著難過，我們可以透過之前聊過的「轉念」之道，稍微調整一下聚光燈的角度，練習把棍子變成胡蘿蔔。

就拿剛剛的「準時起床」來當例子。起床的你，有看見這件事情潛在痛苦的那部分。在轉念

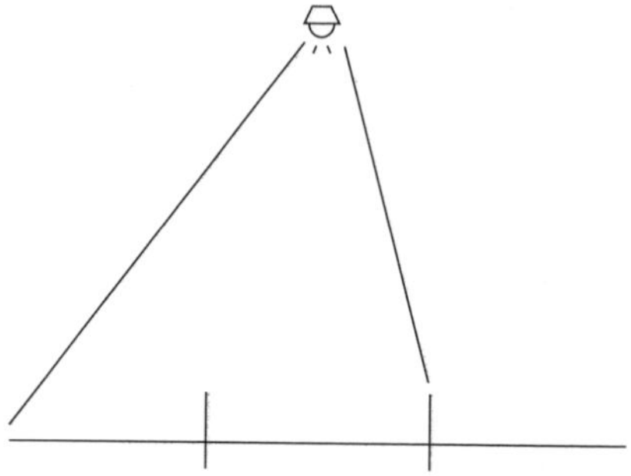

時，我們可以問自己：雖然這件事情有痛苦的一面，但會不會也可能有胡蘿蔔的一面呢？

在我唸國小的時候，因為家裡離學校很遠，每天一大清早，都是我父親開著小貨車，載著我與妹妹到學校去。因為父親上班的時間也早，所以每次到學校時，學校其實都還沒什麼人。

我突然擁有了一間空蕩蕩的教室，幾乎沒什麼人的校園。第一次知道沒有人的校園長這樣。在空無一人的教室，可以小睡片刻、慢慢吃早餐，也可以看點閒書。那陣子，我每天都很期待早起到學校去。

長大之後一直討厭早起的我，某天突然想起了這段回憶。原來，對小時候的我來說，準時起床「可以是」一個胡蘿蔔。咻！聚光燈轉了一下。

在做一件事情時，觀察一下自己背後的動機是什麼，是棍子還是胡蘿蔔？同時也別忘了，幾乎所

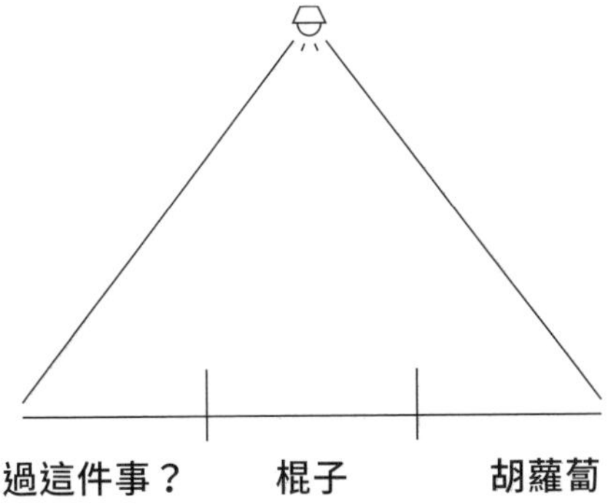

有「棍子」的任務，其實都可能也存在著「胡蘿蔔」，只是你有沒有試著去看見。

準時起床可以是一種迴避行為。如果你這麼做，是因為害怕被扣錢的話。準時起床也可以是一種趨近行為，如果你這麼做，是因為你知道每天準時，可以讓薪水大人不被夭折，而薪水可以讓你與家人過上更好的生活——這就是胡蘿蔔。

「移除困擾」和「讓生活更好」之間的界線其實沒那麼明顯，但這一念之轉，卻往往會帶給我們不一樣的感受；儘管你在做的都是同一件事。

任何時候，只要你打開意識與覺察，其實都有機會找到不同的「故事」來激勵自己。

在你回家滑著手機時，你可以想想這是棍子還是胡蘿蔔。當你這麼問自己，你就有機會對自己產生更多「自我覺察」，了解你為什麼這麼做。

如果滑手機是為了學習新知識，而學習是能帶給你快樂的事，那滑手機就是胡蘿蔔。如果滑手機是因為你覺得無聊，為了消除無聊而滑手機，那這其實就變成了棍子。

來稍微摘要一下，下一回在你遇到任何煩惱、或未解的壓力時，記得把你的聚光燈打開來。作為聚光燈的開關，開下去的祕訣就是，問問自己：「我為什麼要做這件（些）事情，是出於棍子、還是胡蘿蔔？」同時，在這裡你也學到了，棍子、胡蘿蔔的思考角度，很多時候也是一線之隔。在你把某些事情當成棍子的同時，不妨再把聚光燈調整一下，相信也能找出「這件事也可以是胡蘿蔔」的故事版本。最後，我更想鼓勵你實驗看看，帶著棍子的心情、帶著胡蘿蔔的心情出發做事，在這兩種情況下，做起來的感覺會有怎樣的不同？

5-2 別把聚光燈只對準自己

你喜歡看國家地理頻道、Discovery 頻道嗎？在我高中時，曾有段時間很著迷於地球科學（當時，如果心理系志願沒上的話，我應該就會去唸地球科學系了）。除了地球本身就是個充滿奧祕的存在之外，「宇宙」的不可知與廣袤，也讓我十分著迷。曾在網路上看過一個短片，畫面從地球的某個城市開始，鏡頭不斷拉遠，畫面出現了整個國家、整個「洲」，乃至於整個地球。然後，鏡頭持續拉遠，月球也出現了，距離地球三萬八千四百公里（相當於三十顆地球直徑）。鏡頭還沒停下來，持續往外拉，慢慢出現我們以前都背過的太陽系成員：水、金、地、火、木、土、天、海、冥。

離開太陽系之後，四點二四光年（九萬億公里）外，是距離地球最近的一顆恆星。再往外一點，看見了整個銀河系，地球看起來已經剩下一個小亮點。在直徑十萬光年的銀河系中，有著超過一千億顆的星體。再往外，是一個直徑一千萬光年的星系群，裡頭有五十四個星系團。還沒結束哦，再拉遠後，你會看到直徑一億一千萬光年的室女超星系團。再拉遠一點，則是直徑五億兩千萬光年的蘭天超星系群……

人類目前觀測技術的極限（已知宇宙）直徑是九百三十億光年，在此極限裡，蘭天超星系群也只是其中的一個小點而已。看著影片最後出現的黑壓壓圖片，突然深深覺得，人類真是渺小。不只是空間上的渺小，就連時間軸度上，人類一生存在的時間，用白駒過隙來形容也不為過。

在看著這樣的影片時，我內心浮現的這種「哇」，其實在心理學中也有專家在研究。這種用來形容人類在面對宇宙、高山、大海等大自然現象時，內心出現的複雜感受，稱為「敬畏感」（awe）。

相關研究也證實了，敬畏感這種情緒，其實對人類的心理健康是有幫助的。這節我想談談，敬畏感真的可以帶我們「轉念」，在舞台上找到更多視角。

二〇二〇年知名期刊《情緒》（*Emotion*）上刊載了一篇由加州大學與全球腦

健康研究所一起完成的研究[10]。一共有六十位健康的老人參與這個研究，他們每週必須散步十五分鐘，並在散步前、散步時、散步後「自拍」，填寫相關心理問卷，共計要完成八週的實驗。

其中，一半的受試者會接受「敬畏介入」：研究者會先介紹「敬畏感」這種情緒，並鼓勵他們在散步途中，多多去觀察山、樹、林，感受萬物與天地（藉此引發參與者的敬畏情緒）；另一半受試者則沒有接受這樣的指示。

研究結果發現，接受「敬畏介入」的參與者，如果在過程中體驗到愈多敬畏情緒，就愈能欣賞、讚嘆四周的風景。有趣的是，在他們自拍的照片中，「自己」在照片中所占的畫面比例也愈來愈小，更多空間留給了風景。儘管自己占比小了，但實驗者卻發現，他們自拍的笑容愈來愈明顯。對照組成員則沒有類似的現象發生。

此處，我試著以聚光燈的比喻來詮釋這個研究。

有別於敬畏組的聚光燈被鼓勵往外照，對照組成員內心的聚光燈在散步時，多半是更常往「自己」身上照的。有對照組成員在事後問卷上寫說：「我在散步時，

10 Sturm, V. E., Datta, S., Roy, A. R., Sible, I. J., Kosik, E. L., Veziris, C. R., ... & Keltner, D. (2020). Big smile, small self: Awe walks promote prosocial positive emotions in older adults. *Emotion*.

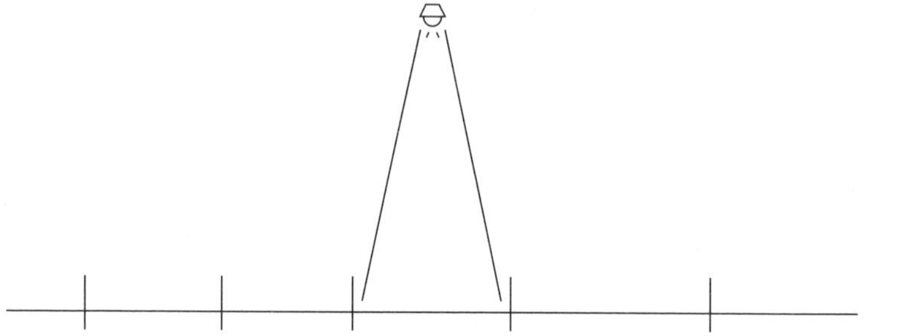

一直想著下週四要去夏威夷放假。想著在放假前，我還要完成多少事情……」、「大自然真美，但我等一下要去看我的曾孫」。這種「自我聚焦」的狀況，時常把我們從「當下、現在的美景」帶走了，並直奔過去或是未來。

執行實驗的學者認為，老年人常感受到的負面情緒，可能都源自於這種「自我關注」（self-focused），白話一點就是一種「你只想到自己」的傾向。而敬畏感這種複雜的情緒，正是自我關注的解藥。從「自我關注」狀態，轉移我們的能量與注意力到外面的世界，是個有效提升心理健康的方法。確實，敬畏組參與者回報，他們在實驗後感受到更多慈悲（compassion）與感恩（gratitude）的情緒。

要能體驗到敬畏感，背後有幾個重要因素。其一是我們碰到了一個「大於自身」的經驗，好比高

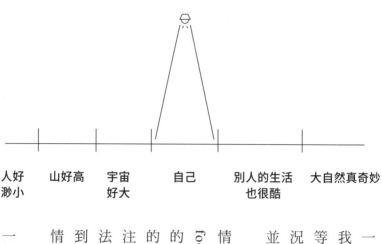

山、大海，又或是一開始提到的宇宙。相關研究指出，人們在面對藝術、鬼斧神工的建築、充滿情感的儀式等，可能也會有類似的感受。許多人在感到敬畏時，會覺得「時間感」變得扭曲（時間變得很漫長或快速）。也有不少人發現敬畏常伴隨著驚奇（wonder）與讚賞（appreciation）這樣的情緒。

其次，引發敬畏感的刺激，通常是我們短時間內難以直接理解，或者用過去的世界觀來消化的。這帶來一種思考上的衝擊，為了去理解這樣的「難以理解」，我們必須在思考上有所調適，並因此意識到自己的渺小、環境的宏大。研究者形容敬畏是種「自我超越」的情緒，這讓你更容易「放下」自我過去看事情的觀點，去容納更多的可能性，連帶著讓人變得更為友善與謙卑。

研究人員很意外地說，沒想到研究開始前的三分鐘對話（也就是介紹「敬畏」情緒），可以帶來這麼顯著的效果。

在我讀過的資料中，最有說服力的例子，或許是在納粹當政期間，曾被囚於集中營內，忍受種種非人道待遇的存在心理治療大師弗蘭克（Viktor E. Frankl）。在他以集中營經歷為基礎所寫的《活出意義來》（*Man's Search for Meaning*）[11]一

11 弗蘭克（Viktor E. Frankl），《活出意義來》（*Man's Search for Meaning*），趙可式、沈錦惠譯，光啟文化出版。

書裡的這段話，提醒著我們敬畏能幫助我們看見不一樣的角落：

「內在生活一旦活絡起來，俘虜對藝術和自然的美也會有前所未有的體驗。在美感的影響下，有時連自身的可怕遭遇都會忘得一乾二淨。從奧斯維辛轉往巴伐利亞一集中營的途中，我們就曾透過車窗上的窺孔，凝視薩爾茲堡附近山巒沐浴在落日餘暉中的美景。當時，如果有人看到我們的臉容，一定不會相信我們是一批已放棄了一切生命和獲釋希望的俘虜。儘管（也許正因為）放棄了一切希望，我們仍（才）神往於睽隔已久的大自然美景，並為之心醉情痴。」

即便身處苦難與痛苦中，藝術、自然帶來的敬畏力量，仍提醒了我們還有更多可以關注的視角。我們若能效法敬畏感帶來的這種力量，一定也能從每天程度不等的苦難中，看見更多不同的視角。當你在苦痛時，「只想著」自己時，就是時候了，到一個能帶給你敬畏感的地方，讓這樣的情緒轉動你的聚光燈焦點，看見除了自己之外的一切。

5-3 聚光燈轉不動？留意「應該、絕對、必須」

某次諮商時，我請個案做了一個小實驗：統計一下，從起床到睡前，你一天下來的所有時間，在你想事情的時候出現了幾個「應該」。讀者也可以試著用一天為單位來觀察看看，你會發現，沒想到這兩個字這麼常出現在腦海中。

與「應該」類似的，還有「絕對」、「必須」、「一定」、「務必」等詞。當個案在對談時用到這些詞時，我的腦海中就浮現了一個畫面。他心中的聚光燈裡頭一定有螺絲被卡死了，讓個案的聚光燈只能一直照向某個固定的地方。這種現象，也可以稱為「執」，我們被這些詞困住了，聚光燈焦點「限縮」在某處，忽視了舞台上其他位置告訴我們的資訊。

有次，我到一所高中對家長們演講。過程中，我丟了一個問題給在座的爸媽：「孩子十八歲的那一天，你希望孩子可以具備哪三種能力或特質？」台下的爸媽們拿起筆記，眉頭深鎖，寫下了他們的答案。之後，我便邀請一些爸媽分享他們的答案，其中有不少答案多次被提到，好比快樂、身體健康、獨立、負責等。

我接著又問，我們現在和孩子互動時，有沒有讓孩子意識到，爸爸、媽媽很在意你的快樂、身體健康，很在意你是否學會了獨立、負責？

在座不少爸媽想了一下說，「好像沒有」。「那再來想想，站在孩子的位置想想，對孩子來說，爸媽到底在意他們的什麼呢？」有位媽媽默默地說，「孩子大概只知道我們希望他們要把功課顧好而已」，不少爸媽若有所思地靜了下來，點點頭。

有機會與一些孩子互動時，我也問了類似的問題：「你覺得爸媽最關心你的什麼？」不少孩子想都沒想就秒回我：「功課！」剛剛提到的「應該」，也常出現在這群孩子身上。他們在過程中可能提到類似這樣的話：我「應該」要把功課顧好，不然我爸媽會失望；我「絕對不能」考差，這樣……；我「一定要」拿第一名，不然……

這些想法，或許會推著孩子認真唸書，但其實大人也知道，人生不是只有唸書這件事要做而已。不過，唸書卻時常是許多家庭衝突的原因。

好比，孩子喜歡打球，加入學校球隊後，打贏了一場厲害的比賽，緊接著是決賽。不巧的是，決賽舉辦在期末考前一週。倘若你是爸媽，你會怎麼抉擇呢？

這個例子，正是演講時某位爸爸提出來的。一開始，他站在「課業為重」的立場拒絕了孩子出席比賽的機會；雙方事後鬧得很不愉快。在演講時，他想知道會不會有更好的做法。

我當時的回答是：「在此之前，我想請在座的爸媽陪我一起想想，這種兩難的情境，是不是孩子長大之後也會遇到呢？」大家都點頭說是。

我繼續說：「如果是的話，我們是不是可以把握每次的機會，從現在就開始讓孩子『練習』去面對這種兩難？回到剛剛大家寫下的期待，如果我們期待孩子學會『負責』，這種情境是不是來得剛剛好。孩子可以藉此理解，一個人的時間是有限的，若想要兼顧兩件事，就要付出更多努力？不然，你就得取捨。同時間，我們急著替孩子做決定（不管決定是『去比賽』，還是『不可以去』）的時候，是不是反而違背了我們對孩子『可以負責、可以獨立』的期待？畢竟這不是孩子下的決定，他要怎麼負責呢？」

在親子講座與不少爸媽互動時，常可發現大人有時可能會有下面這樣的信念：

- 孩子「應該」要把功課顧好，這是他們的本分。
- 孩子想做任何事情都好，但「絕對不能」影響到功課，不然免談。
- 請老師「務必」嚴格管教孩子，這樣才能顧好課業。

眼尖的讀者應該會發現，這些「規則」，時常和孩子脫口而出的想法是呼應的。爸媽認為的一些規則，時常會透過教養傳遞給孩子。但如果這些規則過於武斷、絕對時，孩子也會學習到這樣比較缺乏彈性的規則，也更難發現，其實爸媽對孩子的期待，並不真的只有「課業」而已。

一些家長繼續提問：剛剛那些想法或規則，其實也沒有「不對」啊。一直以來，這本書想說的轉念，確實不是站在「對錯」的觀點來想事情。我想呼籲大家思考的是，這些絕對、武斷的規則，對孩子的成長有沒有幫助。還是反而會讓孩子意識到，原來爸媽「只」在意我的功課……

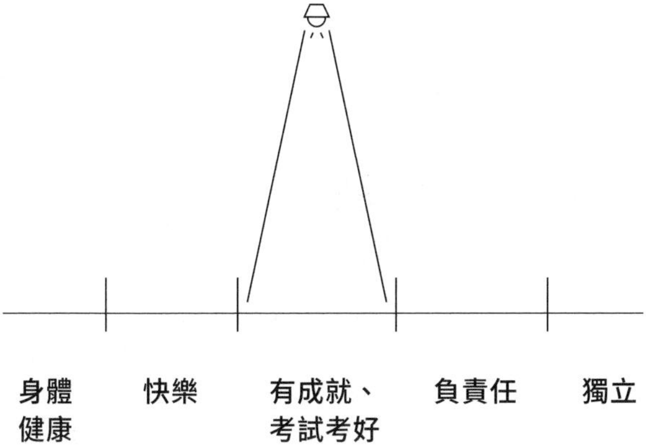

心理學家艾利斯（Ellis）稱這種太應該、絕對、務必的思考模式為「精神自慰」，一個人強迫自己（或孩子）按特定的方式做事，但從不客觀地想想這麼做是否真有意義、有用，只是為了讓自己安心而已。精神病學家卡倫·荷妮（Karen Horney）則稱此為「專制的教條」，綁架了一個人生活的可能性。

以邏輯來看，「絕對」的命題，是很容易被「例外」給打破的。「孩子務必要在課業上拿到好表現，這樣以後他才能找到好工作。」在生活中，很容易就能找到一些並不擅長課業，卻找到一份適合自己的工作，把人生過得有聲有色的例子。

對於我，太過絕對的思考方式，最可怕的地方在於，它限縮了每個人聚光燈可以照到的範圍。剛剛我們用讀書舉例，但回到日常生活，你可能還會發現其他太過武斷、「與自己有關」的想法，好比：

- 我永遠都不能犯錯。
- 我應該要寬宏大量／體貼／有氣質／勇敢／無私。
- 我一定要成為一個完美情人／朋友／父母／配偶。
- 我應該要好好控制自己的情緒。
- 我不該有任何情緒。
- 每個人都要把自己的眼淚吞下去。
- 我應該永遠感到快樂。
- 人活著，就是只能靠自己。
- 我應該要堅持自我。
- 總是拿出巔峰的最佳表現才是厲害的。
- 世界應該一直都是這樣，不會改變的。
- 世界應該是公平的。
- 生活應該是毫無壓力的。

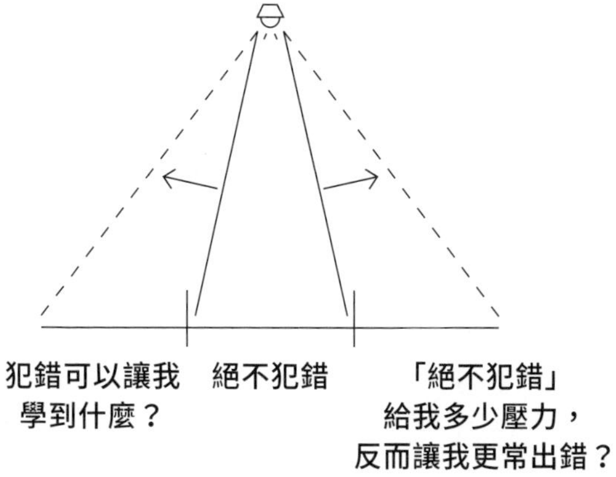

每一句我們可能深信的想法，都可以透過「聚光燈」來重新檢視。過度執著於這樣的念頭，可能會讓我們忽視了什麼重要的環節？

以「我應該永不犯錯」為例，緊盯著這個念頭，是不是讓你忽視了犯錯的其他用處？好比，一個人其實可以從犯錯中學到東西；執著於「絕不犯錯」的人，反而因為壓力更大，所以其實更常出錯；世上許多偉大的人，其實都犯過錯，但重要的是他願意改正，才讓人欽佩等等。

一直以來「硬碰硬」都不是最聰明的做法。在腦海中，各種「硬規則」其實也常帶來許多困擾。這些死板而欠缺彈性、適應性的想法，很可能是許多人一輩子都「信以為真」的「事實」，時間久了之後，甚至不相信這些想法是可以被挑戰的。

具體來說，若你想慢慢鬆動自己心中各種與「應該」有關的非理性想法時，第一步驟是「有所覺察」，也就是一開始我提到的功課。當你內心思考出現「應該」、「理應」或「必須」等絕對性的詞彙時，內心警示的燈泡就該亮起來。

第二步驟，打開內心的舞台，轉動聚光燈，一起來轉念。針對此刻你非常深信不移，但過於武斷的想法，試著替這個「應該」找到三個例外。好比，一個深信「我應該順從父母」的人，他可能會發現這件事情的例外是：

第一個例外：當父母提出的訊息明顯有誤時，我可以不這麼做。

第二個例外：當父母還沒理解我的想法時，我可以不這麼做。

第三個例外：當父母正在情緒上頭時，我可以不這麼做。

人生在世，「太絕對」通常是危險的，因為凡事總有例外（特別是與人有關的事）。這類「應該」的思維除了影響自己之外，也多少會影響到你與他人的關係。我們要記得，每個人的想法都是不一樣的，你的「應該」不會就是別人的「應該」，你無法硬加自己的應該在別人身上。但在此之前，先看見自己有多少「應該」，是最關鍵的第一步。

轉念提案 我可以、我選擇

除了練習找例外之外，這邊再介紹另一個做法。下次，當你想起「我應該」時，不妨練習換句話說，把它替換成「我可以」或「我選擇」，並且在後面多做點例外的補充說明。舉例來說：

- **我應該**：我「應該」成為一個人見人愛的人。
- **我可以**：我「可以」成為一個人見人愛的人，但當我狀況不好時，我也可以好好休息，暫時回到自己的世界，不理會他人眼光。
- **我選擇**：我「選擇」成為一個人見人愛的人，但我也有自己的極限，有時無法做到。

在思考「應該」時，大腦會進入僵化的狀態（棍子），急著做點什麼，限縮了此刻你看到的資訊；通常只會看到「你想看的資訊」而忽略了其他可能性。但「可以」、「選擇」這類詞彙則能解放大腦的僵化（更像是胡蘿蔔），我們可以在更寬廣的地方，看見更多的可行性。

5-4 你真的「不得不」嗎？

「能有選擇權」是人類心理安全感的重要來源。想想某些「沒得選」、「被逼迫」的情境發生時，我們會有多無力、多無奈就知道了。

當你看到「無奈」、「不得不」、「沒得選」這些詞時，不知道你的感覺是什麼？套用之前提過的棍子與胡蘿蔔，你可以想像一個人頭上有著一根又一根的棍子。這種被無力感給驅使的人生，並不是我們所期待的。但你有發現嗎？剛剛那幾個詞，卻是許多人每天口中時常抱怨的。這一節，我們來練習用轉念翻轉這種狀態。

某場演講中，我隨機邀請了一位聽眾一起來做這個練習。

我問：「我們接下來要來進行『找回選擇權』的練習。回想一下你最近的生活，有哪些事情你感覺自己沒有選擇權？是什麼讓你覺得很無力、很無奈、不得不做、沒得選呢？」

「很多啊……工作、家庭、感情……（往旁邊的人看了一眼，對方瞪了他一下）很多欸……」現場聽眾發現了這一段「非語言溝通」而笑了出來。

「不然，我們先挑一個你此刻最有感覺的，是哪個？」

「那工作好了，一個禮拜占去五天，一天八小時，滿是無奈啊。」

「所以，這麼說對嗎：『你沒得選，只能工作？』」

「對！」

「如果明天開始，你不去工作了，那會發生什麼事情？」

「翹班嗎？會被主管罵啊！」

「還有呢？多說一點。」

「會被扣薪水、會影響到同事，我的工作會被分配到他們身上、會被討厭……」

「嗯嗯，再來！」

「會影響到自己的名聲吧？然後，應該會被炒魷魚吧……」

「哇，然後呢？如果你因此被炒魷魚了，接下來會發生什麼事？」

「（看著一旁的太太）千萬不行啊，萬一沒工作，就沒錢了，沒錢怎麼養家糊口？」

「那會發生什麼事呢？」

「我的小孩就沒辦法得到好的教育，唉呀，以後會不會學壞……」

「好，故事還可以再糟下去對不對？」

「對，小孩學壞，以後冤親債主找到我家來，唉唷……」

「好，我們先停在這邊。」

我解釋著，當我們心中關注著「我必須」、「我不得不」、「我只得」時，我們就容易忽視了另一大部分值得被看見的資訊——那些其實是出自自己選擇之處。

「你有沒有發現，上班這件事情裡頭，其實仍有一部分是出於你的『有所選擇』？」

「哪有，我是被迫的！」

「我這樣拆解，你看對不對：你『選擇』上班，因為你寧願上班，也不要『被主管罵』，在這兩者中，你選擇了上班？」

「嗯……是沒錯。」

「你『選擇』上班，因為你寧願上班，也不要『被扣薪水』？」

「嗯……」

「你『選擇』上班，因為你寧願上班，也不要『因為你的工作沒做完，會牽連、影響到其他同事，然後被討厭』？」

「對，我不想要這樣。」

「好，接下來換你試試看。你『選擇』上班，因為你寧願上班，也不要……」

「我寧願上班，也不要影響到自己的名聲、被炒魷魚……」

「好像還沒結束呢！」

「我選擇上班，也不要影響到小孩的教育、不要小孩學壞……」

「你『選擇』上班，因為你寧願上班，也不要小孩以後被討債，結果債主追到你家！」大家再次笑成一片。

這個例子想說的是，我們很多「看似無奈、無力、不得不」的選擇，其實仍有一大部分是出於自己的選擇，只是我們有沒有察覺這樣的「有所選擇」。

當我們認為自己是被逼、被迫的時候，我們很容易進入「受害者」的角色。認為什麼都是別人造成的，是別人讓我這麼慘、這麼辛苦的。儘管這種「受害者」角色看似悲情，但裡頭有個強大的好處是：既然我是受害者，那真正要負責的人，就不是我，而是你、是他、是老闆……

德國心理學家伯特・海靈格（Bert Hellinger）曾說：「一個總是怪罪別人與

命運的人，是因為他不想長大，不想對自己的生命負責。跟承認自己的錯誤比較起來，怪罪別人容易多了。」

這種受害者的狀態，正是大量的無力、無奈、無助、被動構成的。當我們視自己為受害者時，我們就不會想去解決問題（因為「問題是別人造成的，怎麼會是我要解決？」）。我們更常做的是「找兇手」來怪罪，或者「找英雄」來解救自己。

當我們把需要負責的「權利」留給別人時，你也同時把可以做出改變、可以負起責任、可以有影響力的角色，留給了別人。當你認為別人才是那位要負責的人時，你只能被動配合對方。你真正變成一個「無力」、「無助」的人。

但，真的是這樣嗎？透過剛剛那樣的追問（稱為「蘇格拉底技巧」，又稱為「向下追問法」），你會一路發現，其實你做出的一系列所謂「不得不的決定」，是因為你早就考量過好多、好多種結果，而這些結果都是你不想要的。於是，你最後才決定「選擇」了上班這個決定。

如果願意看見自己曾經做出的「選擇」，並為此選擇「負責」，那你將有機會發現：**原來這是我選擇的，我不是故事的受害者，我「可以」透過我的選擇和行動，持續改寫故事**。

時常，受害者的狀態是無力、沮喪、負面的；而當你願意負起責任時，你的狀態反而會變得更有活力、更願意嘗試、改變與冒險，因為你意識到自己是可以有所作為的。

雖然你「上班」的行為看起來都是一樣的，但你在上班時，你心中所想的是「我必須、我得、我沒得選」，還是「我選擇」呢？

從你有能力做決定的那一刻起，生活便是你無數選擇累積的結果。在你覺得無力、無奈時，務必提醒自己，你過往做出的許多選擇，其實是因為你知道其他選擇會導致更多的壞結局，所以你才這麼「選擇」的。

儘管未必所有事情都是我們可以選擇的，但這節想提醒讀者的是，仍有比我們想像中還要多的機會，我們是有所選擇的。重點在於，你是否意識到這些機會。

此外，每當我們做出了一個選擇，當下我們或許未必知道這個選擇帶來的結果是好是壞。但透過轉念、透過聚光燈這樣的工具，你都能在做出決定之後，提醒自己擴大你的視野，看見選擇之下好的一面、不那麼好的一面。我們可以不執著、不被困在「不得不」的心態裡，這正是轉念帶給我們的力量，讓我們更有勇氣去為自己當初所做的選擇，負起百分之百的責任。

5-5 現在沒感覺，所以不想動？

「兩百萬的考驗」是我常拿來和個案、聽眾討論的比喻。在本書即將邁入尾聲之前，很適合與讀者分享這個比喻。

時常，我們心中都知道，這一刻得去做點什麼了。好比，欠出版社的書稿，今天真的要開始動筆了。下班之後，我真的該去運動了……複製這樣的句型，你可以找出很多你想達成，卻尚未行動的大、小目標。

但知道總是不等於「做到」，如果每天都能「心想事成」的話，我們的生活煩惱大概也少了九成吧？

面對各種我們應該要做，而且做了會對自己很好的任務時，我最常聽到的反應（藉口）多半是：「我現在沒感覺」、「我感覺不太舒服」、「我好累哦，有精神再來弄」。說完這些安心魔咒後，我們就晚點再弄、下午再弄、明天再弄，之後（有感覺的時候）再弄。想也知道，「晚點」很容易從下午變成明天，明天則會變成後天、大後天……

當我們對一個任務「沒感覺」時，我們不自覺會發展出許多（有創意的）想法，來合理化這種「沒感覺，所以不動作」的現象。好比：我覺得我現在做不到、我應該做不好吧、我真的沒辦法、我能力還不夠……

遇到這種「明知該做，而不想動」的現象時，「兩百萬的考驗」就可以搬出來陪伴我們面對這些窘境，從中練習「轉念」。

這個考驗是這樣的，針對你剛剛說你要做而沒感覺做的任務，只要你在今晚十二點之前做完其中的八成，便可獲得兩百萬元。那你做不做？

當我第一次丟出這個考驗時，個案的反應大多是睜大眼睛問：「真的假的？」我們相視而笑之後我又問：「如果是真的，你做不做？」個案這時多半會豪邁地說：「做！現在就做！」

來談談剛剛提到的，做事之前的「感覺」。對於治療師，人們日常生活中提到的「感覺」多半未必是「精準」的。聽到「兩百萬時」，我們的「感覺」就變了；儘管我們「也知道」這只是一個玩笑。但在日常生活中，我們總太信任、太依賴感覺了，而沒留意到這未必精確的感覺，潛在有些負面影響。

我們時常在等待的「感覺」，很可能只是大腦神經網路裡頭的「某一個亮點」。這個亮點，過去在你認真投入某事時曾經「發亮著」。好比，你專心做會議簡報，突然發現自己做得還不錯，時間不知不覺過去，你完成了好多頁圖表，這讓你「感覺很讚」。此後，你會記得，某次在做簡報時，你曾體驗到一種「很讚的感覺」。未來，在你要執行簡報任務前，你就會期待重啟那個「很讚的感覺」，再來做簡報。

人們常認為，有「感覺」才好「行動」。要有感覺，才能動作；或者，才能把行動「做好」。但心理學家卻發現，實情是反過來的：你必須要先行動，不管你現在感覺怎樣；在行動的過程，你才有機會打開大腦神經網路。行動時，你接受新訊息、新刺激，這些經驗都會把這次任務涉及的神經網路活化範圍再打開一點。在這種情況下，要去碰到那個「感覺很讚」的網路區域，反而更有機會。

勵志書上常提到「順從自己的感覺」，這句話其實是很危險的。因為，感覺是瞬息萬變的。倘若，我在「有感覺」的時候，才動筆寫這本書。那我大概要等到退休那一天，才有辦法完成這本書的前言。

兩百萬挑戰的「兩百萬」只是個幌子。它像是一張試紙，若你回答「我願意去做」的話，表示其實你是「有能力」去做的（就算你不確定結果會如何）。這個考驗在提醒你，這其實不是你「能不能」做到，而是你「想不想」做的問題。

你也可以把兩百萬換成其他攸關你「心愛」的人、事、物，也就是變成更適合你的考驗。

許多人在狀況不好時，早上常會有「起不來的感覺」、「覺得自己身體沉重」等。再跟他們確認幾點入睡、幾點起床與整晚睡眠品質後，我們發現其實「身體」獲得的休息時間是足夠的，但「心理」的感覺卻仍十分疲憊。

我會提醒個案，這種「心理上的疲憊」，時常是「情緒」造成的。這種「感覺」很容易隨著情緒而變異，未必是「事實」。只是，要去突破這種感覺帶來的影響，確實困難。

某次，我舉了一個例子給個案聽，大意大概是：現在已經是早上了，你睡眠時間足夠，可以起床了；但你一直感覺好累，所以選擇繼續攤在床上，半夢半醒。不過，這時你聽見，門外有個東西跌落的聲音，然後聽到你的家人（好比爸爸或媽媽）在叫。原來是家人跌到了，「碰」的好大一聲。這時你會怎麼做？你會相信你的「感覺」，持續躺在床上。還是願意放下「感覺」，就算「感覺」再累，也還是選擇起身到外面看一下家人的狀況？

這兩個例子想說的是，我們時常太關注「感覺」，太相信它，甚至時常把它當作「事實」來聽從。兩百萬，或是家人跌倒的例子在告訴你：靠感覺來決定你的行動，是危險的。我們的行動是可以獨立於「感覺」之外的。行動也是我們唯一可以控制的東西，但「感覺」卻不是可被控制、選擇的。

其實從小到大，我們每天都在練習「挑戰」感覺，而且你成功了非常多次。回想一下，每到冬天，早上要離開溫暖的被窩有多困難。但從幼稚園、國小、國中……乃至於你每一天上班，其實你都成功地挑戰了「不想起床」的感覺。

儘管你深信，繼續賴床是一件多舒服、多美好的事。但時間一到後，你也只能用行動來推翻剛剛讓你眷戀的感覺：打開棉被，迎來陣陣寒風，然後你走到浴室，開始刷牙、洗臉、準備出門……

說也奇怪，就在我們「行動」的同時，「感覺」也跟著開始改變。更精確地說，「**行為」才是促成感覺改變真正的原因**。我們不太可能呆坐在床上，一直等「起床的感覺來」。只要棉被繼續給你溫暖，你大概就不會有想離開它的感覺。

就在你刷牙、洗臉，為自己煮一杯拿鐵，聞到陣陣咖啡香時，這些新的刺激進入你的大腦，點亮了神經網路的新區域。一個又一個小小的行動，正慢慢改變著你當下感受到的感覺。

下次，當你發現自己還在用「感覺」當作是否行動的依據時，不妨問問自己：「如果做完這件事情，我可以得到兩百萬，我現在做不做？」

我們熟悉的 action（行動）這個字，是拍戲時導演用來指示演員的用語。當導演一聲 action 後，所有演員都得「動起來」，更精確地說，是「演起來」，愈演愈像是真的。有時個案說，她明知自己已經開始鑽牛角尖，是時候該來練習調整聚光燈焦點了，但她又「感覺」自己在那個當下，好像沒什麼動力想做這個練習……現在，你應該知道這種狀況要怎麼處理了吧！記得，先放下「感覺」，動起來吧！拿出一張紙，先畫出一個小小的手電筒……在你提筆畫圖的過程，感覺就會不一樣了。要把轉念變成習慣，就得重複這個「放下感覺，勇敢行動」的歷程好幾遍。

你願意放下「感覺」這個（不太可靠的）依據，想想你想成為怎樣的自己，然後開始演出與行動嗎？Action！

5-6 你想活在過去、未來還是現在？

你記憶中，有沒有遇過這樣的人呢？就算這一陣子被你冷落，下次遇到你時，彷彿忘了那段被冷落的回憶，還是很興奮地想與你互動？在知道你要去日本旅遊七天時，也不會露出嫉妒你的表情，反而會和過去一樣，珍惜此刻和你相處的時刻。他也不會一直想著未來的事，不去擔心通貨膨脹或溫室效應，只認真專注在此刻這個當下。

我老家養了兩隻貓，第一隻是曾經在外漂泊了一陣子，後來被我們收編領養的三花貓，叫做「阿咪」。個性聰明，但不太親人。第二隻貓「帥帥」是從小就被我們從雲林領養回來的橘貓，有點笨，但比較親人。

某次，膽小的帥帥跟著大姐阿咪出門蹓躂，晃到了我母親養雞的小雞舍。牠好像來到異次元空間，裡頭全是從沒看過的東西，還有牠沒什麼接觸機會的生物：雞們。我母親一邊在裡頭整理雞舍，給雞添加飼料，看帥帥也沒做什麼，就讓牠在旁邊參觀、遊玩。

後來，忙完一個段落後，母親離開雞舍，要來準備弄午餐了。她沒仔細檢查、也沒多想，就順手把雞舍門關上。忘了帥帥還在裡面。

那個下午大家都忙，也沒人發現帥帥被關在雞舍裡。根據我們過往經驗，帥帥下午都會消失一陣子，躲在家裡的某個角落呼呼大睡。我們都很佩服牠「找地方睡覺」的功力，用人類的思維就是找不到牠到底躲在哪裡睡覺。但，只要一到傍晚放飯的時刻，牠又會悠悠哉哉地從第三神祕空間走出來，嚷嚷著要吃晚餐。

總之，那天傍晚，我們餵飽阿咪之後，大家才驚覺：咦，帥帥呢？平常不都是牠領銜主演要飯的戲碼，怎麼今天換貓演了？

我們認真地把家裡任何可以躲貓的空間尋找了一輪（貨真價實的「躲貓貓」），一邊用罐罐敲擊發出聲音，想要吸引牠出來，找半天仍沒收穫。後來，我媽突然想到，啊！會不會是還在雞舍裡？我們這才去雞舍把牠抱回家。

莫名其妙被關在雞舍將近半天，如果是我的話，一定會很生氣吧！是啊，帥帥當晚板著一張臉，瞪著我們，也拒絕吃晚餐，不受控地一直喵喵叫，彷彿是在抗議我們下午對牠做出「關緊閉」這麼殘忍的行為。幾天後，牠才慢慢放下恨意，開始與我們親近。

劇情應該要這樣發展沒錯吧？如果帥帥是「人類」的話，應該確實是如此。但真正的劇情並不是這樣的：從雞舍被「釋放」之後，帥帥壓根兒沒有「記仇」，看到晚餐的牠，一樣開心地吃吃吃（十隻橘貓，九隻胖）。吃完之後，回到牠的老位子上開始理毛、洗澡。

我這才驚覺，寵物跟人真不一樣。想起一句有趣的問答：「恨一個人，可以恨多久？」「一、輩、子！」雖然，被關在雞舍一個下午是不至於要恨我們一輩子才是，但帥帥似乎連十分鐘的恨意都沒有，這背後原因是什麼？

我想到的是，與其他生物不同，人類的思考是可以突破「時間限制」的。而貓咪、狗狗等寵物，幾乎是以「現在、此刻」為焦點來思考的。

人類的思考可以是「過去導向」的，把聚光燈焦點放在過去已經發生過的事情上。這帶給人們的好處是，人們可藉此「鑑往知來」、「防患未然」，從過去的成功與錯誤經驗中學習。但同時，這也帶來了不利的一面。在我們關注過去（特別是過去的失敗），不斷重播失敗經驗時，我們雖然記取了教訓，卻也同時被提醒了：過去無法重來、修改。這種提醒帶來了情緒，好比悔恨、遺憾、憂鬱。如果這個痛苦或錯誤是源自他人的話，則容易引發恨意或憤怒。

我從帥帥身上學到，牠早已放下過去了。牠關注的是此刻眼前的好吃美食，牠活在當下，認真享受美食。下午的事對於牠已經過去了（在寫這段時，我心想，會不會我以為貓咪的「不開心」也只是我——一個人類——的猜測，或者更該說是「投射」才是）。

同時，人類思考也可以是「未來導向」的，把聚光燈焦點放在未來還沒發生，但即將或可能發生的事情上。這種延宕思考，仰賴大腦厲害的模擬、預測功能。也是人們可以「延宕滿足」，用現在的痛苦，換取未來快樂的基礎。

「未雨綢繆」是未來導向思考的最佳例子。不過，一樣的，這種能力也帶給我們一些特定的困擾。在臨床上，不少情緒，好比不安、焦慮、擔憂、恐懼、害怕，幾乎都是因為人類大腦「思考未來」的能力而引起的。

這時，帥帥又教會我不少。牠吃東西的模樣，就是一個放下「未來觀點」的示範。現在碗裡面有多少飼料，牠就是吃爆。對牠來說，要嘛就是把碗裡的乾乾吃光，

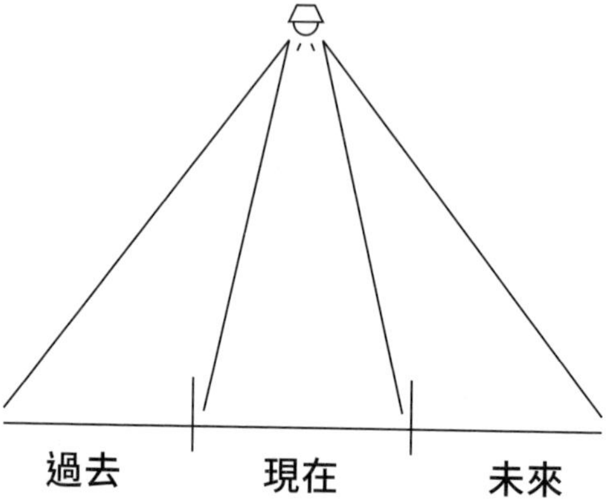

	過去	現在	未來
正面情緒	自豪、感謝、驕傲	平靜、喜悅、享受	期待、希望、樂觀
負面情緒	悲傷、恨意、憤怒	無聊、煩悶、無趣	焦慮、恐懼、擔憂

或者是真的現在吃太飽了，牠才會收手不吃。對帥帥來說，沒有什麼未來會變胖、高血壓、長照2.0怎麼辦等等的擔心（儘管牠現在已經很胖了）。

不管是把聚光燈放在過去，還是未來，其實我們都「不在這裡」，不在此刻、此地，而容易忽視了當下重要的事。不管這件事是眼前的下午茶，讓好吃的蛋糕變得不那麼好吃；又或者，眼前其實有些危險正在靠近，但我們完全沒有發現。

老天爺給我們橫跨過去、現在、未來的三種思考模式，是希望我們在適當的時間，把聚光燈轉向適當的時間軸。因此，不妨往後退一步觀察一下，此刻，你的聚光燈是過去導向、未來導向，還

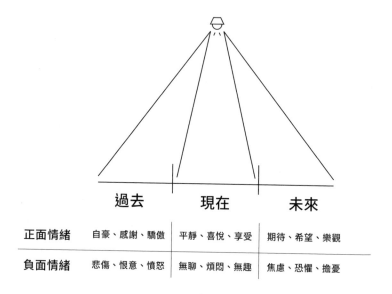

是現在導向？一整天下來，你各花了多少時間在這三種導向的思考上呢？而且你還可以依據你在不同時間點感受到的情緒當作試紙。心理學家發現，當我們的專注力放在不同的時間軸度上時，我們很可能感受到的情緒也是不同的。

現在，再回頭看看這篇文章一開始那個人。你猜到牠是誰了嗎？沒錯，就是我們人類最可愛的朋友：貓咪與狗狗。

轉念提案 1 3 5 7 9 轉念法

我們可以善用時間觀點，來看見事情不同的角度。這邊要分享一個小工具，稱為「1 3 5 7 9 轉念法」。

在一件事情發生時（特別是帶著強烈情緒），我們當下的「第一個念頭」未必是最有幫助的。若草率地「照這個念頭的建議做」，後果往往不堪設想。這時，不妨透過 1 3 5 7 9 轉念法，依照下述提問來陪自己重新整理一下：

- 簡單描述一下，發生什麼事了？

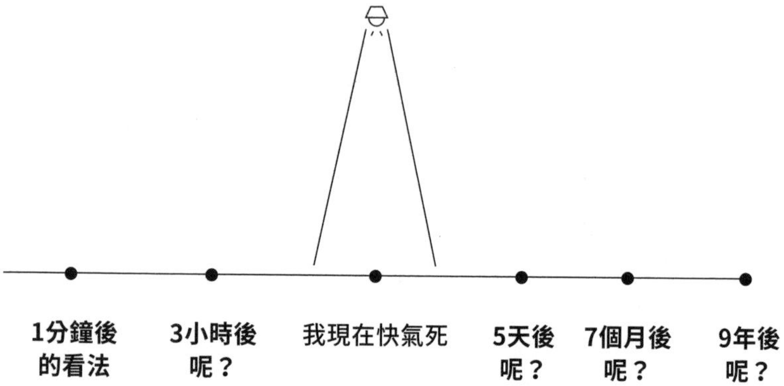

1分鐘後
的看法
3小時後
呢？
我現在快氣死
5天後
呢？
7個月後
呢？
9年後
呢？

- 「現在的我」是怎麼想這件事的？我當下很想做出什麼反應？
- 「一分鐘之後的我」，如果看到「現在的我」照剛剛的反應行動，會怎麼說？
- 「三個小時後的我」，又會怎麼看這件事？我贊成「現在的我」的反應嗎？
- 「五天後的我」，隔了幾天會如何思考這件事？「現在的我」那時所想的，有沒有哪些在五天後來看其實不太正確的？
- 「七個月後的我」，若要給「現在的我」一些建議，可能會怎麼說？
- 「九年之後的我」，有沒有可能已經忘了這件事？還是仍會記得牢牢的？

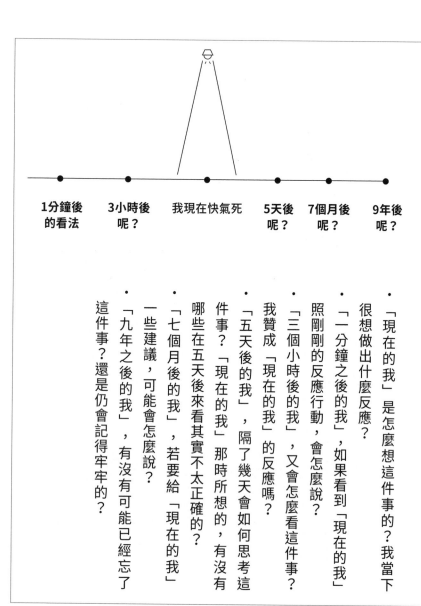

5-7 一份轉念的待辦清單

這本書即將進入尾聲，希望讀者已慢慢從「轉念」的各種應用裡頭發現，其實這個觀念可以跟其他概念整合在一起，變出更多實用的方向。

結束之前，我替讀者整理了一份「大抄」。未來，在你覺得自己需要轉念時，不妨透過下頁這一份清單裡頭的提問，陪自己做點整理，一邊調整聚光燈，往左看、往右看，帶自己看見更多、更完整的資訊之後，再做出最合適的決定。

1. 發生了什麼事？簡述一下此刻的狀態。

2. 為什麼我認為這件事特別難以處理、會感受到這麼多痛苦？

（1）現在發生的事情，全部都是真的嗎？

（2）我對這件事情的描述，有哪些是客觀的？哪些是主觀的？

（3）我對這件事情的描述，是主觀多、還是客觀多？

3. 我對這件事的主觀感受、主觀想法……

（1）我的客觀真的客觀嗎？還是有哪邊仍然是主觀的？

（2）我的主觀感受與客觀事實相符嗎？有沒有偏差？如果有，是哪種偏差？

（3）我的大腦在思考時，有沒有進入省電模式？好比，我直接做出一些結論，太過武斷？我缺乏證據？我忽視了事情的積極面？我誇大、過於看重這件事的消極面？

4. 我的聚光燈……

（1）我的聚光燈「一開始」看見什麼？

（2）我有沒有一直執著在一開始看見的想法或信念中？
（3）往舞台的兩旁照一照，你可以看到哪些一開始沒看到的觀點？好比，根據過往經驗，壞事情發生的機率其實沒有這麼高，我是不是高估了壞事的可能性？同時，根據過去的經驗，就算這件事情發生了，其實我也是有辦法應對的，我是不是低估了自己的能力？
（4）在我相信的觀點裡，找得到任何證據來支持嗎？證據夠強嗎？
（5）往舞台的兩旁照一照，可以看到一些例外的存在嗎？
（6）我現在聚焦的地方，對於這件事情有什麼幫助嗎？
（7）我現在聚焦的地方，占整個可能性比例的百分之幾？

5. 善用他人的眼光

（1）Call out 法
（2）時間拉遠法
（3）思考法庭
（4）無痕模式思考法
（5）透過這個過程，你有沒有找到其他解釋的觀點？

6. 經過了上述步驟，整理一下現在「整個舞台上面」、「整個圓餅圖裡」，你看見了哪些資訊？

（1）對照一下一開始聚焦的念頭，它占了整個舞台多大的成分？經過練習，是否看見了更完整的全貌？

（2）我可以平衡地允許這些正面、負面的觀點「共存」，放下「對與錯」的思維，選擇「對自己下一步有幫助」的想法，然後做點什麼嗎？

（3）哪些想法是「實用的」，可以讓我朝向我期待的人生走去？

（4）哪些想法可以讓我過得更快樂？

7. 我最後的決定

（1）我想依據哪個信念或想法行動？

（2）行動之後，我有什麼新的發現？

（3）這些發現會如何回過頭來，協助我調整本來的想法？

（4）下次再遇到類似事情時，我這次的經驗會如何幫助我面對呢？

結語

親愛的讀者，你好嗎？近幾年來，動盪紛擾的大環境，多少帶給了每位在地球上共存的居民們各種壓力與情緒。作為一位助人工作者，思考著如何用更友善、易懂，甚至有趣的方法來陪伴大家舒緩、調解這些壓力與煩惱，成為了我近幾年來工作的主力。

本書對於「轉念」重新詮釋的靈感，主要源自我近年在演講與個別諮商過程，和許多人互相交流的過程。謝謝每一位曾與我真心交流、討論，並不吝於分享自己獨特觀點的聽眾、個案、朋友與讀者們。此外，在閱讀各種書籍的過程中，我也時常「巧遇」轉念的觀念被直接、間接應用在各種議題上。也在此感謝每一本曾經給我靈感，滋養過我腦袋瓜的書籍們。

感謝商周出版團隊承接了這本書，出版一本書，就像是一次冒險；但在轉念之後，我們一起看見這種冒險背後值得的地方。感謝初色、新田心理治療所的夥伴們，我持續地享受著每次的激盪與交流。感謝長期合作的新竹市生命線員工協助服務中心、鉅微管理顧問公司、興智國際企業管理整合諮詢有限公司，感謝每一位邀約演講的夥伴們。

感謝我的家人、朋友與兩隻貓們，能與你們一起，每天踏實地把日子過好，一起在不同的挑戰過程中，實踐我從心理學中學到的事，是一件最幸福的事。剩下來不及感謝的人、事、地、物，就留待未來每一次交流的機會，讓我親口道謝了。

最後，感謝購買並閱讀本書的你。謝謝你用行動，鼓勵與支持更多廣義的創作者們，繼續在辛苦的創作過程中，享受這樣獨特的苦與樂。

如果你在讀完書後，有一些想法想要交流，歡迎透過信箱與我聯繫。如果你在讀完書之後，有些非常喜歡的收穫，也想邀請你不吝透過網路的力量，不管是在臉書，博客來、Readmoo 等購書平台的書評區，分享你的想法，讓更多有需要的讀者能有機會讀到本書。

讀者的口碑，是作者最好的啦啦隊！

謝謝你☺

國家圖書館出版品預行編目資料

轉動內心的聚光燈,照亮人生更多可能：臨床心理師的科學轉念法,跳脫思考盲點、提升心理彈性 / 蘇益賢 著. -- 初版. -- 臺北市：商周出版，城邦文化事業股份有限公司出版：英屬蓋曼群島商家庭傳媒股份有限公司城邦分公司發行, 民111.02
面： 公分
ISBN 978-626-318-151-9（平裝）
1. CST: 思考 2.CST: 思維方法
176.4 111000470

轉動內心的聚光燈，照亮人生更多可能：
臨床心理師的科學轉念法，跳脫思考盲點、提升心理彈性

作者 / 蘇益賢
企劃選書 / 劉俊甫
責任編輯 / 劉俊甫

版權 / 黃淑敏、吳亭儀
行銷業務 / 周佑潔、周丹蘋、黃崇華、賴正祐
總編輯 / 楊如玉
總經理 / 彭之琬
事業群總經理 / 黃淑貞
發行人 / 何飛鵬
法律顧問 / 元禾法律事務所 王子文律師
出版 / 商周出版
城邦文化事業股份有限公司
臺北市中山區民生東路二段141號9樓
電話：(02) 2500-7008 傳真：(02) 2500-7759
E-mail：bwp.service@cite.com.tw
發行 / 英屬蓋曼群島商家庭傳媒股份有限公司城邦分公司
臺北市中山區民生東路二段141號2樓
書虫客服服務專線：(02) 2500-7718．(02) 2500-7719
24小時傳真服務：(02) 2500-1990．(02) 2500-1991
服務時間：週一至週五09:30-12:00．13:30-17:00
郵撥帳號：19863813 戶名：書虫股份有限公司
E-mail：service@readingclub.com.tw
歡迎光臨城邦讀書花園 網址：www.cite.com.tw
香港發行所 / 城邦（香港）出版集團有限公司
香港灣仔駱克道193號東超商業中心1樓
電話：(852) 2508-6231 傳真：(852) 2578-9337
E-mail：hkcite@biznetvigator.com
馬新發行所 / 城邦（馬新）出版集團 Cité (M) Sdn. Bhd.
41, Jalan Radin Anum, Bandar Baru Sri Petaling,
57000 Kuala Lumpur, Malaysia
電話：(603) 9057-8822 傳真：(603) 9057-6622
E-mail：cite@cite.com.my

封面、版型、插圖設計 / FE設計葉馥儀
排版 / 新鑫電腦排版工作室
印刷 / 高典印刷有限公司
經銷商 / 聯合發行股份有限公司
電話：(02) 2917-8022 傳真：(02) 2911-0053
地址：新北市231新店區寶橋路235巷6弄6號2樓

■2022年（民111）2月初版
定價 350 元

Printed in Taiwan
城邦讀書花園
www.cite.com.tw

ISBN 978-626-318-151-9